Paris

1829

SPINDLER, C.

L'Elexir du diable

toire tirée des papier du frère Médard, cap

Tome 4

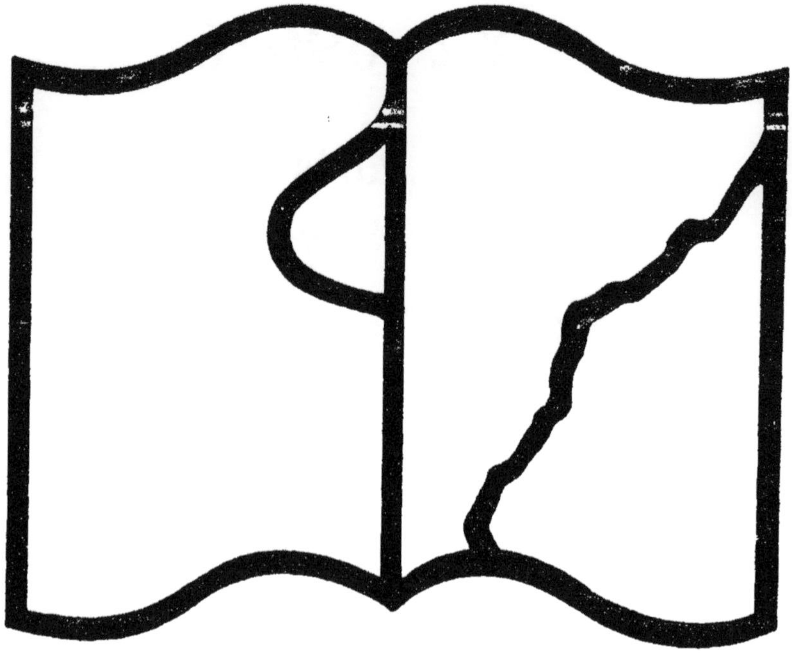

Symbole applicable
pour tout, ou partie
des documents microfilmés

Texte détérioré — reliure défectueuse

NF Z 43-120-11

L'ÉLIXIR DU DIABLE,

PARIS. — IMPRIMERIE DE COSSON,
rue Saint-Germain-des-Prés, n° 9.

L'ÉLIXIR
DU DIABLE,

Histoire tirée des papiers

DU FRÈRE MÉDARD, CAPUCIN,

PUBLIÉE

PAR C. SPINDLER,

ET TRADUITE DE L'ALLEMAND

PAR JEAN COHEN.

TOME QUATRIÈME.

PARIS,

MAME ET DELAUNAY-VALLÉE, LIBRAIRES,

RUE GUÉNÉGAUD, N° 25.

1829.

L'ELIXIR

DU DIABLE.

CHAPITRE PREMIER.

Une douce chaleur coulait dans mon sein ; je sentais un travail et un picotement singulier dans mes veines. Ce sentiment devint des pensées, mais mon être était divisé en mille parties différentes. Chaque partie avait une sensation distincte de son existence, et c'était en vain que la tête ordonnait aux membres d'agir ; sujets rebelles, ils refusaient d'obéir à son pouvoir souverain. Après cela les pensées des parties séparées commencèrent à tourner sur elles-mêmes, comme des points brillans, de plus en plus rapidement, de sorte qu'elles formèrent un cercle de feu, qui devenant toujours plus resserré à mesure que la rapidité du mouvement augmentait, finit par former un globe enflammé. Des rayons rouges et brûlans s'en échappèrent et formèrent des jets de flammes colorées. Ce sont mes membres qui se meuvent ; maintenant je m'éveille ! Cette pensée se présenta distinctement à mon esprit ; mais en ce moment je fus saisi par une vive douleur ; les sons timbrés d'une cloche frappèrent mon oreille. Fuyons plus loin, plus loin encore, m'écriai-je tout haut ; et je voulus me soulever, mais je retombai sans force en arrière.

Ce fut alors que pour la première fois je me sentis en état d'ouvrir les yeux. Le son des cloches continuait à se faire entendre. Je crus être encore dans le bois; mais quel fut mon étonnement en voyant les objets dont j'étais entouré et ma propre personne! Vêtu d'une robe de capucin, j'étais couché sur un bon matelas dans une chambre élevée et très-simplement meublée. Deux chaises de paille, une petite table et une mauvaise couchette étaient les seuls objets dont elle fût garnie. Je conclus de ce que je voyais, que l'état d'insensibilité dans lequel j'avais été plongé devait avoir duré assez long-temps, et que j'avais été pendant son cours amené dans un couvent où l'on donnait l'hospitalité aux malades. Mes vêtemens étaient peut-être déchirés, et c'était pour cela que l'on m'avait donné provisoirement une robe. Je jugeai d'après cela que je ne courâis plus de danger. Ces réflexions me tranquillisèrent, et je résolus d'attendre ce qui m'arriverait: car je ne doutais pas que l'on ne vînt bientôt s'informer de l'état du malade. Je me sentais très-fatigué, mais je n'éprouvais aucune douleur.

Quelques minutes seulement s'étaient écoulées depuis que je m'étais ainsi réveillé avec toute ma raison, quand j'entendis des pas qui paraissaient s'approcher de moi en suivant un long corridor. Ma porte s'ouvrit, et j'aperçus deux hommes, dont l'un portait un habit séculier, et l'autre celui des frères de la Miséricorde. Ils s'approchèrent de moi en silence; le premier me regarda fixement au visage et donna de grandes marques de surprise.

« J'ai repris ma connaissance, Monsieur, dis-je d'une voix affaiblie; le ciel soit loué de ce qu'il m'a conservé la vie! Mais... où suis-je? comment suis-je venu ici? »

Sans me répondre, la personne en

habit séculier se tourna vers l'ecclésiastique, et lui dit en italien :

« Cela est vraiment étonnant : le regard est changé ; l'organe est net et seulement fatigué... une crise toute particulière doit avoir eu lieu. »

« Il me semble maintenant, dit le religieux, que la guérison n'est plus douteuse. »

« Cela dépend, reprit l'autre, de la manière dont il passera les premiers jours. Ne savez-vous pas assez d'allemand pour vous entretenir avec lui ? »

— « Hélas! non. »

« Je comprends et je parle l'italien, dis-je à mon tour ; veuillez m'apprendre où je suis, et comment je suis venu ici. »

La personne vêtue en séculier, que je reconnus pour un médecin, parut agréablement surprise de ce que je venais de dire :

« Ah ! s'écria-t-il, c'est fort bien. Vous vous trouvez, mon père, dans un lieu où l'on ne demande qu'à vous prodiguer tous les soins que votre état exige. Vous fûtes amené ici il y a environ trois mois dans une situation fort dangereuse ; vous étiez bien malade ; mais grâce à nos soins, nous croyons que vous êtes sur la voie de la guérison. Si nous sommes assez heureux pour vous rendre à une santé parfaite, vous pourrez continuer votre voyage : car il paraît que vous vous rendez à Rome. »

« Suis-je donc entré chez vous, demandai-je, dans l'habit que je porte à présent ? »

— « Sans doute ; mais cessez vos

questions. Soyez sans inquiétude, vous saurez tout quand il en sera temps; pour le moment, votre santé doit être votre unique soin. »

Il tâta mon pouls pendant que l'ecclésiastique me présentait une tasse avec un breuvage.

« Buvez, me dit le médecin, et dites-moi ce qu'il y a dans cette tasse. »

« C'est, répondis-je après avoir bu, un consommé de viande très-fort. »

Le médecin sourit d'un air satisfait et dit au religieux :

« Bien! fort bien! »

Ils me quittèrent tous deux. Je jugeai que ma supposition avait été juste: je me trouvais dans un hôpital public. On me donna des remèdes et des alimens restaurans, en sorte qu'au bout de trois jours je fus en état de me lever. L'ecclésiastique ouvrit une fenêtre par laquelle je sentis pénétrer dans ma chambre un air chaud et délicieux, tel que je n'en avais jamais respiré. Dans le jardin qui touchait à la maison, croissaient des fleurs superbes et exotiques; des vignes s'élevaient en rampant le long des murs et couraient en festons d'un arbre à l'autre; mais ce qui me surprit surtout, c'était l'azur foncé du ciel; je me crus transporté dans un pays enchanté.

« Où suis-je donc? m'écriai-je plein de ravissement. Les saints m'ont-ils jugé digne d'habiter le ciel avec eux? »

L'ecclésiastique sourit en me répondant :

« Vous êtes en Italie, mon frère, en Italie. »

Mon étonnement allait toujours croissant ; je pressai le religieux de me dire comment j'étais entré dans cette maison, il me renvoya au docteur. Celui-ci me dit à la fin qu'il y avait environ trois mois qu'un personnage fort singulier m'avait amené dans cet établissement, en priant qu'on voulût bien m'y recevoir. Il m'apprit du reste que j'étais dans un hôpital desservi par des frères de la Miséricorde.

A mesure que ma santé se raffermissait, je remarquais que le médecin et le religieux se laissaient aller l'un et l'autre à de longs entretiens avec moi, et paraissaient surtout chercher à me fournir de fréquentes occasions de parler. Mes connaissances variées dans diverses branches des sciences m'en donnaient une ample matière. Le médecin m'engageait pour lors à mettre mes idées en écrit, après quoi il les lisait en ma présence et s'en montrait satisfait. Seulement je trouvais souvent étrange qu'au lieu de louer mon travail, il dît : « Vraiment.... cela va bien.... je ne m'étais pas trompé.... c'est surprenant.... c'est surprenant. »

Bientôt on me permit de descendre par intervalles au jardin, où j'éprouvais souvent de bien pénibles sensations en voyant des hommes d'une pâleur mortelle, et réduits en quelque sorte à l'état de squelettes, marcher soutenus par des frères. Un jour, comme je me préparais à rentrer dans la maison, je rencontrai un homme long et maigre, vêtu d'un singulier manteau jaune. Deux religieux lui tenaient les deux bras, et à chaque pas il faisait un saut bizarre et sifflait avec un organe perçant. Je m'arrêtai surpris ; mais l'ecclésiastique qui me conduisait m'attira promptement d'un autre côté en me disant :

« Venez, venez, mon cher frère Médard ;

ce spectacle ne vaut rien pour vous. »

« Au nom de Dieu, m'écriai-je, comment avez-vous pu savoir mon nom ? »

La vivacité avec laquelle je prononçai ces mots parut inquiéter mon guide.

« Et comment ne l'aurions-nous pas su ? me répondit-il ; la personne qui vous a amené ici vous l'a donné en vous présentant, et vous êtes inscrit sur les registres de la maison sous le nom de Médard, frère du couvent des capucins à B***. »

Un frisson mortel parcourut mes membres. Cependant je me dis, pour me tranquilliser, que quel que fût l'inconnu qui m'avait fait entrer dans cet hôpital, quand même il serait instruit de mon terrible secret, il ne pouvait pas me vouloir de mal, puisqu'il m'avait rendu service et que je conservais ma liberté.

Je me tenais devant ma fenêtre ouverte et je respirais à grands traits un air délicieux qui me remplissait d'une nouvelle vie, quand je vis une petite figure sèche, coiffée d'un petit chapeau pointu, et vêtue d'une redingote râpée, qui s'approchait de la maison par la principale avenue, mais en sautillant plutôt qu'en marchant. Quant elle m'aperçut, elle secoua son chapeau en l'air et m'envoya des baisers avec la main. Ce petit homme ne m'était pas inconnu, mais il me fut impossible de me remettre ses traits dans la mémoire, et il disparut entre les arbres avant que je me fusse rendu compte qui ce pouvait être. Cependant, au bout de fort peu de temps, j'entendis frapper à ma porte; j'ouvris, et je vis entrer chez moi la même petite figure que j'avais aperçue dans le jardin.

« Schoenfeld ! m'écriai-je au comble de l'étonnement, Schoenfeld ! au nom du ciel, comment êtes-vous venu ici ? »

C'était en effet le petit coiffeur de la ville impériale qui m'avait autrefois sauvé d'un grand danger.

« Hélas ! hélas ! répondit-il avec un soupir et en faisant une grimace comique, comment voulez-vous donc, mon père, que je sois venu ici, si ce n'est lancé, jeté par une malheureuse destinée qui poursuit tous les hommes de génie ? Obligé de fuir à cause d'un meurtre..... »

« D'un meurtre ! » interrompis-je vivement.

— « Oui, d'un meurtre. Dans un accès de colère j'avais tué un et grièvement blessé l'autre favori du plus jeune des conseillers de commerce de la ville. »

« Je vous supplie, interrompis-je de nouveau, de cesser vos plaisanteries, de montrer pour une fois de la raison et de mettre un peu de liaison dans vos récits ou bien de me laisser tranquille. »

« Ah! ah! mon cher frère Médard, dit-il d'un ton fort sérieux, tu veux donc me renvoyer, maintenant que tu es guéri? Il a pourtant bien fallu que tu me souffrisses près de toi, quand tu étais malade, que j'étais ton camarade de chambre et que je couchais dans ce lit. »

« Qu'est-ce que cela veut dire? m'écriai-je frappé d'étonnement; d'où connaissez-vous le nom de Médard? »

— « Regardez, je vous en prie, le pan droit de votre robe. »

Je fis comme il me le dit, et je fus saisi de surprise et d'effroi en voyant que le nom de Médard y était travaillé à l'aiguille. D'autres indices encore ne me permirent pas de douter que la robe que je portais ne fût la même que j'avais sur moi en sortant du château du baron de F***, et que j'avais cachée dans le creux d'un arbre. Schoenfeld remarqua mon émotion, et il sourit d'une manière tout-à-fait étrange. Portant son doigt index à son nez, et se soulevant sur la pointe des pieds, il me regarda dans les yeux. Je demeurai muet. Il dit pour lors à voix basse, et d'un air de circonspection :

« Vous vous étonnez beaucoup, à ce qu'il paraît, mon père, du bel habit qui vous a été mis. Il vous va réellement fort bien et vous sied mieux que l'habit noisette à boutons travaillés que mon grave et sensé Damon vous procura. Cette fois-ci, c'est moi, Pietro Belcampo, le méconnu, le banni, qui ai recouvert votre nudité de cette robe. Frère Médard! vous n'étiez pas alors dans un état fort brillant : car, en guise de redingote, de spenser, de frac, vous ne portiez autre chose que votre propre peau; quant à une coiffure tant soit peu convenable, il ne pouvait pas être question d'y songer..... »

— « Laissons toutes ces folies, Schoenfeld..... »

— « C'est Pietro Belcampo que je m'appelle, oui, Pietro Belcampo, ici en Italie; et du reste, je te le dis, Médard, c'est ma folie qui te suit partout pour soutenir ta sagesse, et soit que tu en conviennes ou non, ce n'est que dans la folie que tu trouveras ton salut : car la sagesse est une chose fort misérable qui ne sait pas se soutenir elle-même, et qui se laisse tomber de côté et d'autre comme un enfant contrefait; elle a besoin du secours de la folie pour apprendre à trouver le chemin de la maison, c'est-à-dire de l'hôpital des fous. C'est là que nous sommes tous deux heureusement arrivés, mon frère Médard. »

[illegible] à ce discours; je songeai aux [illegible] que j'avais vues et surtout à cet homme en manteau jaune, qui ne faisait que [illegible]uter, et je ne pus douter que Schoenfeld dans sa folie ne m'eût dit la vérité

« Oui, mon cher frère Médard, continua Schoenfeld en élevant la voix et en faisant de grands gestes, oui, mon cher frère, la folie apparaît sur la terre comme une véritable reine des fées. La sagesse est un ministre négligent qui s'occupe de ce qui se passe hors du royaume et qui se contente d'avoir des soldats habiles dans un jour de parade, mais qui ne savent pas se battre quand l'ennemi se montre aux frontières. La folie, au contraire, vraie reine du peuple, fait son entrée au son des tymbales et des trompettes. »

Je laissai le pauvre Schoenfeld continuer encore pendant quelque temps sur ce ton, après quoi je le priai de nouveau de cesser de pareils discours, s'il lui était possible, et de me dire comment j'étais venu en ce lieu et tout ce qu'il savait de moi, ainsi que de l'habit que je portais. En lui parlant, je l'avais pris par les mains et l'avais forcé de s'asseoir.

—« Hé bien donc, dit-il pour lors d'une voix basse et fatiguée, je vous ai, pour la seconde fois, sauvé la vie. C'est moi qui ai facilité votre fuite de la ville impériale, et c'est moi qui vous ai amené ici. »

— « Mais, au nom de Dieu et de tous ses saints, où m'avez-vous trouvé ?»

J'avais prononcé ces mots à haute voix et en le lâchant; mais au même moment il se leva et s'écria, les yeux étincelans :

« Sachez, frère Médard, que si je ne vous avais pas porté, tout petit et tout faible que je suis, sur mes épaules, vos membres seraient maintenant placés tout déchirés sur la roue. »

Je frémis... Je me laissai tomber comme anéanti sur ma chaise. La porte s'ouvrit, et le religieux qui me soignait entra précipitamment.

« Que faites-vous ici? Qui vous a permis d'entrer dans cette chambre? » dit-il d'un ton sévère à Belcampo dont les yeux se remplirent de larmes, et qui répondit d'une voix suppliante:

« Hélas ! mon père, je n'ai pu résister plus long-temps au désir de parler à mon ami que j'ai arraché à une mort imminente. »

Je repris courage, et je dis à mon tour au religieux:

« Veuillez m'apprendre, mon cher frère, si c'est réellement cet homme qui m'a amené ici? »

Le religieux ne me fit pas de réponse.

« Je sais maintenant où je suis, continuai-je, et je soupçonne qu'en arrivant chez vous je me suis trouvé dans l'état e plus terrible qu'il y ait; mais vous oyez que je suis parfaitement guéri, et ue je suis enfin en état d'apprendre tout e que l'on m'a caché jusqu'à présent, lans la crainte d'irriter mes nerfs trop usceptibles. »

« Votre supposition est fondée, dit le eligieux. Cet homme vous a amené il a environ trois mois et demi dans no- re établissement. Il nous rapporta qu'il ous avait trouvé dans un état appro- hant de la mort, dans le bois qui, à uatre milles d'ici, divise notre terri- oire de celui de ***; il ajouta qu'il vous vait reconnu pour le capucin Médard, u couvent de B***, qui avait passé par ville qu'il habite, se rendant à Rome. ous étiez dans un état d'apathie com- lète. Vous marchiez quand on vous onduisait, vous demeuriez immobile ès qu'on vous lâchait; en un mot, vo- re corps prenait toutes les positions dans lesquelles on le plaçait. Quant aux alimens, il fallait qu'on vous les fît prendre de force. Vous ne faisiez entendre que des sons sourds et incompréhensibles, et vos yeux paraissaient tout-à-fait éteints. Belcampo ne vous abandonna point ; il s'est montré pour vous une garde fidèle. Au bout de quatre semaines vous eûtes des accès de fureur effroyable, et on fut obligé de vous renfermer dans une des chambres destinées à ceux qui sont dans cet état. Je ne vous dépeindrai pas une situation dont le souvenir pourrait vous être douloureux. Quatre semaines plus tard vous retombâtes dans votre première apathie, qui dégénéra en une catalepsie complète, de laquelle vous vous êtes éveillé guéri. »

CHAPITRE II.

PENDANT ce récit du religieux, Schoenfeld s'était assis et demeurait la tête appuyée sur la main, et absorbé dans de profondes réflexions.

« Oui, dit-il enfin, je sais que je suis parfois un fou plein d'extravagance;

mais l'atmosphère de l'hôpital des fous, funeste aux gens qui se portent bien, a fait sur moi un très-bon effet. Je commence à raisonner sur moi-même, et c'est un fort bon signe. Je puis vous assurer, mon père, qu'il y a déjà des momens où je distingue fort bien un clocher d'une lanterne. »

« S'il en est ainsi, répondis-je, donnez-en une preuve en me racontant avec ordre et netteté comment vous m'avez trouvé et amené ici. »

— « Je le veux bien, en dépit des signes que me fait ce vénérable religieux. Permets seulement, frère Médard, que je te tutoie, ainsi qu'il convient à un ami, puisque je te regarde comme mon protégé. Le lendemain du jour où tu t'es sauvé de la ville impériale, le peintre étranger disparut aussi avec ses tableaux, d'une manière inexplicable.

Cette affaire causa dans le premier moment une grande sensation; mais elle ne tarda pas à s'oublier dans le flot des événemens. Seulement quand le bruit de l'assassinat commis au château du baron de F*** devint public, et quand la justice se mit à la poursuite du moine Médard, du couvent des capucins à B***, on se rappela que le peintre avait raconté toute cette histoire au cabaret, et qu'il t'avait désigné comme le frère Médard. L'hôte de l'auberge où tu avais logé confirma les soupçons sur la part que j'avais prise à ton évasion. On me surveilla; on voulut me mettre en prison. Je n'eus pas de peine à me décider à quitter un lieu où je gagnais si difficilement ma vie. Je résolus de me rendre en Italie, où l'on trouve encore des *abbate* et des cheveux poudrés. Sur ma route je te vis dans la résidence du prince de***. On y parlait de ton prochain mariage avec la baronne Aurélie, et du supplice du moine Médard. Je vis aussi ce moine.... et quant à ce qui le regarde, je ne puis m'empêcher de croire que c'est toi qui es le véritable Médard. Je me présentai sur ton chemin; tu ne me remarquas pas, et je quittai la résidence pour poursuivre ma route. Après une marche assez longue je me préparais un matin au point du jour à pénétrer dans un bois obscur qui s'étendait devant moi. Les premiers rayons du soleil venaient de paraître quand j'entendis du bruit dans le taillis, et je vis un homme, les cheveux et la barbe en désordre, mais du reste fort bien mis, passer rapidement devant moi. Ses yeux étaient troublés et pleins d'égarement, et il ne lui fallut qu'un instant pour se dérober à ma vue. Je continuai à marcher, mais je ne tardai pas à éprouver une vive frayeur en voyant une figure humaine, complétement nue, étendue par terre devant moi. Je ne doutai point qu'un meurtre n'eût été commis, et que l'homme que j'avais vu fuir ne fût le coupable. Je me penchai sur l'homme nu, je te reconnus, et je m'aperçus que tu respirais encore. Non loin de toi je trouvai la robe de moine que tu portes à présent. Je te la mis, non non sans peine, et je t'entraînai avec moi.

»Tu te réveillas enfin d'un profond évanouissement ; mais tu demeuras dans l'état que ce révérend père vient de te décrire. Ce ne fut pas sans de grands efforts que je pus à te faire avancer ; aussi ne parvins-je que vers le soir dans une mauvaise auberge située au milieu du bois. Je te laissai sur une pelouse et j'entrai pour chercher à boire et à manger. Dans l'auberge je trouvai des dragons, et l'hôtesse me dit qu'ils avaient ordre de conduire jusqu'aux frontières un moine qui avait commis un grand crime et qui s'était échappé d'une manière presque miraculeuse au moment où on le conduisait au supplice dans la ville de***. Je ne pus concevoir comment tu étais venu de la résidence dans le bois; mais la conviction que tu étais ce Médard que l'on cherchait fit que je ne négligeai rien pour te délivrer du danger qui paraissait te menacer. Je t'emmenai par des chemins de traverse jusqu'au-delà des frontières, et j'arrivai enfin dans cette maison, où l'on nous accueillit tous deux, parce que je déclarai que je ne voulais point me séparer de toi. Ici tu étais en sûreté : car ces bons religieux n'auraient jamais consenti à livrer un de leurs malades à un tribunal étranger. Tes cinq sens n'étaient pas dans l'état le plus net pendant que je demeurais avec toi dans cette chambre et que je te soignais. Tu ne pouvais pas non plus te vanter de l'agilité de tes membres. Ton éloquence, jadis si célèbre, était dans une triste déconfiture. Uh ! uh ! et mé, mé, formaient tes discours les plus brillans dans tes momens de gaieté. A la fin cette gaieté devint tout-à-fait extradinaire; tu te mis à faire les sauts les plus étranges ; tu paraissais vouloir déchirer ta robe; ton appétit...»

« Arrête, Schoenfeld, dis-je à ce terrible plaisant, arrête. On m'a déjà appris la situation épouvantable dans laquelle j'étais tombé. Grâce à la clémence infinie du Seigneur, grâce à l'intercession des saints, je suis guéri. »

— « Oui, tu es guéri; mais qu'est-ce que tu y gagnes? je veux dire quel avantage tires-tu de cette fonction particulière de l'esprit qu'on appelle la conscience, et qui n'est autre chose qu'un maudit douanier qui a établi son bureau dans le cerveau, d'où il empêche les marchandises les plus précieuses de quitter le pays, ne permettant la sortie qu'à quelques denrées sans valeur comme de méchantes betteraves, dont il faut mille quintaux pour obtenir une demi-once de mauvais sucre. »

Le peu de raison que possédait le pauvre Belcampo paraissait s'être épuisé dans le récit qu'il venait de me faire. Il ne fit plus après cela que divaguer, entremêlant toutefois ses folies de quelques éclairs de réflexion qui en faisaient le plus étonnant mélange. A la fin le religieux, qui pendant notre conversation avait regardé alternativement Schoenfeld et moi, sans comprendre un mot de ce que nous disions, attendu que nous parlions allemand, l'interrompit en disant.

« Pardonnez-moi, Messieurs, mais mon devoir m'ordonne de mettre fin à un entretien qui ne saurait vous être avantageux ni à l'un ni à l'autre. Quant à vous, mon frère, vous êtes encore trop faible pour pouvoir parler pendant long-temps d'événemens qui sans doute vous rappellent des souvenirs douloureux. Vous pourrez apprendre par degrés de votre ami tout ce que vous désirez savoir, après que vous aurez quitté notre maison : car je pense qu'il vous accompagnera plus loin. Pour vous, mon ami, ajouta-t-il en se tournant vers Belcampo, vous avez une manière de vous exprimer, si pleine de feu et de vivacité, que je ne doute pas que dans votre patrie on ne vous regarde comme fou. Ici vous feriez un excellent bouffon. »

Schoenfeld regarda le religieux avec des yeux fixes et ouverts, puis, se soulevant sur la pointe des pieds, il joignit ses deux mains sur le haut de sa tête et s'écria en italien :

« C'est une voix céleste, c'est la voix

de la destinée qui a parlé par la bouche de ce vénérable frère..... Belcampo ! Belcampo ! tu ne saurais plus méconnaître ta véritable vocation. Elle est décidée ! »

En disant ces mots il sortit de la chambre en courant. Le lendemain matin il se présenta à moi en habit de voyage.

« Mon cher frère Médard, me dit-il, tu es maintenant entièrement guéri. Tu n'as plus besoin de mon secours. Je me rends où ma vocation m'appelle. Adieu, mais permets que pour la dernière fois j'exerce sur toi mon art, qui ne me paraît plus qu'un vil métier. »

Il tira à ces mots le rasoir, les ciseaux et le peigne, et, au milieu de grimaces et de gestes grotesques sans nombre, il mit en ordre ma barbe et ma tonsure.

Malgré la fidélité de son attachement la présence de cet homme m'était devenue pénible; je ne fûs pas fâché qu'il s'en allât. Le médecin, à force de remèdes violens, m'avait assez bien remis sur pied; mes couleurs étaient redevenues plus fraîches, et de longues promenades me rendirent peu à peu mes forces. Quand je me sentis capable de pouvoir entreprendre un voyage à pied, je quittai une maison où les malades retrouvent la santé, mais où des personnes bien portantes courraient risque de perdre la leur. On m'avait inspiré en quelque sorte l'intention de faire un pèlerinage à Rome, je résolus de l'exécuter, et je me mis en conséquence en route par le chemin que l'on m'indiqua comme devant y conduire.

Quoique ma raison fût entièrement rétablie, j'étais dans une sorte d'insensibilité qui jetait pour moi sur les objets un crêpe qui me les faisait paraître tous également décolorés. Sans avoir conservé aucun souvenir du passé, je m'occupais uniquement des soins du présent. Je cherchais de loin un endroit où je pusse demander à souper et un asile pour la nuit, et j'éprouvais une joie sincère quand des personnes pieuses remplissaient ma besace et ma gourde. Je les remerciais par des prières que je répétais machinalement. Mon esprit était abaissé jusqu'au rang de celui de plus stupide moine mendiant.

Ce fut ainsi que j'arrivai enfin au grand couvent des capucins qui, situé à quelques heures de marche de Rome, n'est entouré que d'un petit nombre de fermes isolées. Les frères de mon ordre étaient obligés de m'accueillir, et je me promettais de m'y reposer à mon aise. Je prétendis que le couvent dans lequel je vivais en Allemagne ayant été supprimé, je m'étais mis en route comme un pèlerin dans l'espoir de pouvoir être reçu dans quelque autre couvent de mon ordre. On me donna l'hospitalité avec ces manières amicales communes aux religieux italiens, et le prieur me déclara que si un vœu ne m'obligeait pas à continuer mon pèlerinage jusqu'à un lieu fixé, je pouvais rester dans le couvent, en qualité d'étranger, aussi long-temps que je le désirerais. C'était l'heure de vêpres. Les moines se rendirent au chœur, et j'entrai dans l'église. La beauté de l'architecture me surprit; mais mon âme, profondément humiliée, n'était plus en état de s'élever comme elle l'avait fait aux jours de ma tendre enfance à la vue de l'église du Tilleul-Sacré. Après avoir fait ma prière devant le maître-autel, je me rendis dans les travées, où je me mis à regarder les tableaux des diverses chapelles, qui, selon l'usage, représentaient le martyre des saints auxquels ces chapelles étaient consacrées. Étant entré dans l'une d'elles que les rayons du soleil éclairaient d'une lumière magique à travers les vitraux peints, je montai les marches de l'autel pour regarder de plus près le tableau dont il était surmonté, et je vis... sainte Rosalie!... C'était le même tableau qui se trouvait dans mon couvent. Hélas! je crus voir Aurélie. Aussitôt le cours entier de ma vie, mes crimes sans nombre, mes sacriléges; le meurtre d'Hermogène, celui d'Aurélie; tout.... tout se présenta à ma mémoire dans une seule pensée, et me perça la tête comme avec un fer brûlant. La torture la plus cruelle déchira à la fois ma poitrine, mes veines et mes fibres!... J'implorai en vain la mort, qui ne vint point à mon secours... Je me jetai par terre... je déchirai mes vêtemens.... Je poussai d'affreux gémissemens, et ces mots retentirent au loin dans l'église:

« Je suis maudit !... je suis maudit !... Il n'y a point de grâce pour moi... point de consolation, ni dans ce monde ni dans l'autre... En enfer... en enfer... Une malédiction éternelle attend le pécheur sacrilége ! »

CHAPITRE III:

On me souleva. Les religieux s'étaient réunis dans la chapelle. Devant moi se tenait le pricur, vieillard d'une haute stature et d'un aspect vénérable. Il me regarda d'un air sérieux, mais pourtant avec une douceur inexprimable; il me prit la main, et il me sembla qu'un saint rempli d'une céleste pitié me soutenait au-dessus des flammes éternelles dans lesquelles je voulais me précipiter.

« Tu es malade, mon frère, dit le prieur, nous te conduirons dans le couvent ; là tu pourras te rétablir. »

Je baisai ses mains, sa robe. Je n'étais pas en état de parler ; de profonds, de douloureux soupirs faisaient seuls connaître la situation de mon âme déchirée. On me conduisit dans le réfectoire. A un signe du prieur les religieux s'éloignèrent, et je demeurai seul avec lui.

« Il paraît mon, frère, me dit-il, que tu as la conscience chargée de grands péchés : car il n'y a que le repentir le plus profond, le plus désespéré qui puisse tenir une conduite comme la tienne. En attendant, la clémence du Seigneur est infinie, et l'intercession des saints est puissante. Prends confiance. Tu te confesseras à moi, et quand tu auras fait pénitence tu trouveras de la consolation.»

Dans ce moment mon imagination me montra dans le prieur les traits du vieux pèlerin du Tilleul-Sacré, et je crus que ma destinée voulait qu'à lui seul sur la terre je découvrisse tous les péchés et tous les sacriléges de ma vie. Je n'étais pas encore en état de parler. Je me jetai dans la poussière aux pieds du vieillard.

« Je me rends dans la chapelle du couvent, » me dit-il d'un ton solennel; et il me quitta.

J'avais pris courage; je le suivis, je le trouvai dans le confessionnal, et à l'instant je fis un acte auquel je me sentais irrésistiblement poussé. Je lui

onfessai tout... tout! La pénitence que
prieur m'imposa fut terrible. Repoussé
ar l'église, banni comme un lépreux
es assemblées des frères, j'étais couché
ans les caveaux du couvent, et je ne
outenais ma vie qu'avec des légumes
uits dans de l'eau. Je déchirais ma
hair avec des instrumens de torture qui
araissaient avoir été inventés par la
ruauté la plus ingénieuse, et je n'élevais
voix que pour m'accuser moi-même
pour implorer ma délivrance des
ammes de l'enfer qui déjà brûlaient
ans mon sein. Et quand le sang coulait
e vingt blessures, quand la douleur me
erçait comme autant de serpens enve-
imés, quand la nature enfin cédait à
fatigue et que le sommeil m'enlaçait
ans ses bras protecteurs, alors les son-
es les plus affreux me préparaient de
ouveaux supplices. Ma vie entière s'of-
rait à moi dans les tableaux les plus
pouvantables. Je voyais Euphémie s'ap-

procher de moi avec ses charmes séducteurs et je m'écriais : Que veux-tu de moi, infâme ? non, je n'appartiens pas encore à l'enfer. Elle déchirait pour lors ses vêtemens, et les terreurs de la perdition s'emparaient de moi. Son corps desséché ne présentait plus que l'apparence d'un squelette, à travers les ossemens duquel des milliers de serpens enlacés élevaient la tête et me menaçaient de leurs langues sanglantes. Laisse-moi, m'écriais-je... Tes serpens s'introduisent dans les plaies de mon sein... ils veulent se nourrir du plus pur de mon sang... Mais je mourrai... je mourrai... la mort me délivrera des effets de ta vengeance. Le fantôme me répondait en hurlant : Mes serpens peuvent se nourrir de ton sang... mais tu ne le sens point : car ce n'est pas là ton mal. Ton mal est en toi et ne te tuera pas, car tu vis en lui. Ton mal est le souvenir du crime, et ce souvenir est éternel.

A l'image d'Euphémie succédait celle d'Hermogène ; il s'élevait tout sanglant, et sa belle-mère fuyait devant lui, montrant du doigt la blessure de son cou qui avait la forme d'une croix. Je voulais prier, mais je ne prononçais qu'un murmure qui n'avait rien d'articulé. Toutes les personnes que j'avais connues m'entouraient défigurées de la manière la plus bizarre. Je voyais des têtes marcher avec des pates de sauterelles, qui leur sortaient des oreilles. Elles tournaient autour de moi et me raillaient. Des oiseaux étranges, des corbeaux à figure humaine volaient dans l'air. Je reconnaissais le maître de chapelle de B*** et sa sœur. Ils valsaient ensemble ; le frère faisait la musique, mais c'était sur sa propre poitrine, changée en violon, qu'il jouait. Belcampo s'offrait ensuite. Son visage était celui d'un lézard ; il était assis sur un ver ailé d'une forme dégoûtante ; il s'avançait vers moi et voulait peigner ma barbe avec un peigne de fer chaud ; mais il n'y parvenait pas. La foule devenait de plus en plus bizarre ; les formes que j'apercevais étaient plus extraordinaires l'une que l'autre ; depuis les plus petites fourmis, dansant sur des pieds d'hommes, jusqu'au squelette du cheval gigantesque dont les yeux lançaient des étincelles, qui avait sa propre peau pour caparaçon et sur lequel était monté un cavalier à tête de hibou ; une cuvette sans fond lui servait de cuirasse, et un entonnoir à rebords de casque. Les divertissemens de l'enfer étaient montés sur la terre. Je m'entendais rire ; mais ce rire déchirait mon sein, et la douleur de mes vingt blessures en devenait plus poignante. Cependant la forme d'une femme se montrait, et la foule des monstres disparaissait ; elle s'approchait de moi : c'était Aurélie. Je vis et je suis toute à toi ! me disait-elle. De coupables désirs se rallumaient tout à coup dans mon sein ; je l'embrassais avec ardeur ; mais en la pressant contre moi je sentais un feu dévorant ; des brosses me déchiraient les yeux, et le démon me disait avec un rire affreux : Maintenant tu es tout à moi. Je me réveillais avec un cri d'horreur, et bientôt mon sang ruisselait encore sous les coups de discipline que je recommençais à m'infliger : car mes songes mêmes étaient des péchés et exigeaient des renouvellemens de pénitence.

A la fin, le terme que le prieur avait fixé pour la partie la plus sévère de ma pénitence était passé, et je remontai du caveau pour continuer dans le couvent, mais dans une cellule séparée et éloignée des frères, celle qui me restait encore à subir. Plus tard on me permit d'entrer dans l'église et de me joindre aux religieux dans le chœur. Mais cette dernière partie de la pénitence qui ne consistait qu'en des flagellations journalières ne me satisfaisait pas moi-même. Je refusais constamment les alimens plus substantiels que l'on m'offrait, et je restais souvent des journées entières étendu sur le pavé de marbre devant le tableau de sainte Rosalie. Dans ma cellule je me torturais de la manière la plus cruelle : car je me flattais de surmonter mes peines intérieures à force de souffrances corporelles. C'était en vain ; les mêmes images se présentaient sans cesse à mon esprit ; j'étais la proie du démon, qui me tourmentait, me tentait et riait de ce qu'il me faisait endurer.

La sévérité de ma pénitence et la manière inouïe dont je m'y soumettais fixèrent l'attention des religieux. Ils me considéraient avec une terreur respectueuse, et je les entendais même dire entre eux à demi-voix : « C'est un saint! »

Ces paroles me faisaient frémir : car elles ne me rappelaient que trop vivement ce moment affreux dans l'église des capucins à B*** quand je m'écriai en m'adressant au peintre qui me regardait : Je suis saint Antoine !

La dernière période fixée par le prieur pour ma pénitence s'était aussi écoulée sans pour cela que je cessasse de me macérer. Mes yeux étaient éteints, mon corps déchiré n'était plus qu'un squelette sanglant, et j'en étais venu au point qu'après être resté pendant plusieurs heures étendu sur le pavé, je ne pouvais plus me relever sans secours. Le prieur me fit venir dans son parloir.

« Commences-tu à sentir, mon frère, me dit-il, que par la sévérité de ta pénitence ton esprit soit soulagé ? La consolation du ciel est-elle descendue sur toi ? »

« Non, mon père, » répondis-je du ton d'un morne désespoir.

« Mon frère, reprit le prieur, lorsqu'après que tu m'eus confessé une longue série d'actions épouvantables je t'eus infligé la plus sévère pénitence, je me suis conformé aux lois de l'église, qui veulent que le coupable que le bras de la justice n'a point atteint, et qui avoue repentant sa faute aux serviteurs du Seigneur, démontre aussi par des actes extérieurs la sincérité de son repentir. Il faut qu'il tourne son esprit tout entier vers les choses du ciel, sans négliger pour cela de mortifier la chair, afin que les douleurs terrestres balancent les inclinations infernales qui l'ont porté au crime. En attendant, je crois, et je partage à cet égard l'opinion de nos plus grands docteurs, que les souffrances les plus terribles que le pénitent puisse s'infliger ne lui retirent pas la moindre partie de son péché, du moment où il met sa confiance dans ces mêmes souffrances et se croit digne par là de la grâce du Tout-Puissant. La raison humaine ne saurait approfondir de quelle manière l'Éternel mesure nos actions. Celui-là est perdu qui croirait, quand même il serait exempt de tout grave péché, emporter le ciel d'assaut par des pratiques de dévotion extérieures, et le pénitent qui s'imagine qu'après sa pénitence son péché est effacé, n'a jamais possédé la véritable contrition. Quant à toi, mon chère frère Médard, si tu n'éprouves pas encore de consolation, c'est une marque que ton repentir est véritable. Je t'ordonne d'après cela de cesser pour le moment toutes mortifications, de prendre de meilleurs alimens et de ne plus fuir la société des frères. Sache que les mystères de ta vie, avec toutes leurs étonnantes combinaisons, me sont encore mieux connus qu'à toi-même. Une fatalité qu'il ne dépendait pas de toi d'éviter a donné au démon un grand pouvoir sur toi, et dans tes plus grands crimes tu n'as été que son instrument. Ne crois pas pour cela que tu sois moins coupable aux yeux du Seigneur : car il t'avait donné assez de force pour vaincre le démon dans un combat corps à corps. Quel est l'homme dans le cœur duquel le mal ne se soulève pas contre le bien? Sans ce combat il n'y aurait point de vertu : car elle n'est autre chose que la victoire du bon principe sur le mauvais, comme le péché est une victoire opposée. Apprends en premier lieu que, parmi les crimes dont tu t'es accusé, il y en a un que tu n'as commis qu'en intention. Aurélie est vivante ; dans ton aveugle fureur tu t'es blessé toi-même, et c'est ton propre sang qui a coulé sur tes mains... Aurélie vit... je le sais. »

Je tombai à genoux, je levai les mains

au ciel, et de profonds soupirs s'échappèrent de ma poitrine; des larmes se pressèrent dans mes yeux.

« Apprends en outre, continua le prieur, que ce vieux peintre étranger dont tu m'as parlé dans ta confession visite notre couvent de temps à autre, depuis l'époque la plus éloignée que ma mémoire puisse me rappeler, et qu'il est possible que nous le revoyions de nouveau sous peu. Il a confié à ma garde un livre qui renferme plusieurs dessins, et une histoire à laquelle, chaque fois qu'il vient chez nous, il ajoute quelques lignes. Il ne m'a point défendu de prêter ce livre; et quant à ce qui te regarde, je crois qu'un devoir sacré m'ordonne de te le communiquer. Tu y apprendras le nœud de ton étrange destinée, qui tantôt t'environne des visions d'un monde plus élevé, et tantôt te ramène au sein des événemens les plus ordinaires de la vie. On prétend que le merveilleux a disparu de la terre ; je ne saurais le croire : car si le retour périodique de certaines apparences inexplicables a détruit pour nous ce qu'elles avaient de merveilleux, nous ne pouvons nier qu'il s'y mêle parfois des phénomènes qui font rougir toute notre science, et auxquels nous refusons de croire, parce que nous ne pouvons pas les expliquer. Je considère ce peintre comme un de ces phénomènes extraordinaires qui bravent toutes les règles. Je ne suis pas certain que son apparence corporelle soit réellement ce que nous voyons. Ce qui est du moins certain, c'est que personne n'a encore remarqué en lui les fonctions ordinaires de la vie. Je ne l'ai jamais vu écrire ni dessiner, et cependant, toutes les fois qu'il a passé quelque temps ici, ce livre contient après son départ quelques feuillets de plus. Ce qu'il y a en outre d'étonnant, c'est que le contenu de ce livre ne me paraissait être que des traits de plume indéchiffrables, des esquisses confuses d'un peintre bizarre, et qu'il ne m'est devenu lisible et compréhensible que depuis que tu t'es confessé à moi, mon cher frère Médard. Je n'ose pas en dire davantage sur ce que je crois et soupçonne au sujet du peintre. Tu le devineras sans moi, ou pour mieux dire ce mystère se dévoilera de lui-même. Va, reprends des forces; et si, comme je l'espère, ton esprit se tranquillise au bout de quelques jours, je te remettrai le livre merveilleux du peintre étranger. »

Je fis ce que le prieur m'avait dit. Je mangeai avec les frères, je cessai les macérations et je me contentai de ferventes prières près des autels des saints. Si la plaie de mon cœur continuait à saigner, si la douleur qui déchirait mon sein ne s'apaisait point, du moins les songes affreux dont j'avais été obsédé me quittèrent, et souvent quand, accablé de fatigue, je me jetais sans dormir sur ma dure couche, je voyais la figure charmante d'Aurélie se pencher sur moi, l'œil plein des larmes d'une pitié céleste. Elle étendait la main sur ma tête, comme pour me protéger; alors mes paupières se fermaient, et un sommeil paisible répandait des forces nouvelles dans mes veines.

Quand le prieur remarqua que mon âme avait repris un peu de ressort, il me remit le livre du peintre, et m'exhorta à le lire avec attention dans sa cellule. Je l'ouvris, et les premiers objets qui frappèrent mes yeux furent des dessins représentant les tableaux à fresque du Tilleul-Sacré. Non !... il n'y avait point d'énigme pour moi; depuis longtemps je savais tout ce que ce livre renfermait. Ce que le peintre avait ajouté sur les dernières pages, dans un caractère très-petit, à peine lisible, et avec des encres de différentes couleurs, était mes songes et mes pressentimens, exprimés avec une force et une vérité que je n'aurais jamais pu leur donner moi-même.

CHAPITRE IV.

Observations intercalées par l'Éditeur.

Le frère Médard, sans entrer en aucun autre détail sur ce qu'il a trouvé dans le livre du peintre, continue ici son récit. Il raconte qu'après avoir pris congé du prieur, si bien instruit de ses secrets, et des frères qui l'avaient reçu avec tant d'amitié, il conti-

ua son pèlerinage à Rome; qu'il s'agenouilla
: pria à Saint-Pierre, à Saint-Sébastien, à
aint-Laurent, à Saint-Jean-de-Latran, à
ainte-Marie-Majeure, etc., devant tous les
utels, au point qu'il attira tous les regards,
t finit par acquérir une réputation de sain-
:té; mais que cette même réputation le
hassa de Rome, parce qu'il était devenu
éellement un pécheur pénitent. Quant au
ecteur, il en sait trop peu des songes et
les pressentimens du frère Médard pour
qu'il puisse, sans avoir lu ce que le peintre
avait écrit, suivre le fil si confus de l'histoire
lu capucin. En attendant, nous nous réjouis-
sons de pouvoir, du moins en partie, suppléer
à ce qu'il a omis. Le manuscrit du feu père
Médard avait pour couverture une feuille de
vieux parchemin jaune, remplie d'une écri-
ture très-fine et presque illisible. Cette écri-
ture, étant d'un caractère fort singulier, at-
tira notre curiosité. Nous parvînmes enfin à
déchiffrer d'abord des lettres, ensuite des
mots, et le lecteur pourra juger de notre
surprise et de notre joie quand il saura que

ce vieux parchemin contenait une partie de l'histoire écrite par le vieux peintre. Elle était en italien, d'un style antique comme les anciennes chroniques. Ce style paraîtra peut-être un peu singulier au lecteur; mais nous avons pourtant cru nécessaire d'en donner une traduction sans laquelle les mémoires du père Médard seraient restés enveloppés dans une obscurité qui en aurait ôté presque tout l'intérêt. Vous avons néanmoins encore une humble observation à faire.

L'illustre famille d'où ce Francesco dont il est si souvent question dans cette histoire tirait son origine subsiste encore en Italie; il en est de même des descendans du prince allemand à la cour duquel Médard a séjourné. Il nous a été d'après cela impossible de consigner ici leurs noms, et nous sommes obligé d'avouer qu'il n'y a personne de plus maladroit que nous, quand il s'agit d'inventer des noms imaginaires et de les substituer à de véritables. Nous crûmes dans le commencement pouvoir nous sauver en mettant tout simplement le prince, le baron, etc.; mais depuis que nous avons trouvé dans le manuscrit du peintre des détails circonstanciés sur les relations de famille les plus embrouillées, nous sentons que ces dénominations générales ne suffisent plus pour demeurer compréhensibles. D'après cela, nous prierons instamment le lecteur, avant d'aller plus loin, de vouloir bien faire une attention particulière aux indications que nous allons lui donner.

Camillo, prince de P***, a été la souche de la maison d'où descendait Francesco, père de Médard.

Théodore, prince de W***, était le père du prince Alexandre de W***, à la cour duquel Médard a demeuré.

Albert, prince de W***, frère d'Alexandre, épousa la princesse italienne Jacinthe de B***.

La famille du baron de F*** dans les montagnes est suffisamment connue des lecteurs; ils observeront seulement que la baronne de F*** était originaire d'Italie, car elle était fille du comte Pietro de S***, fils du comte Filippo de S***.

Tout se développera clairement aux yeux du lecteur, s'il veut avoir la bonté de garder dans sa mémoire ce petit nombre de lettres et de noms. Nous allons passer maintenant à la suite de l'histoire.

CONTENU DU PARCHEMIN DU VIEUX PEINTRE.

...... Or, il arriva que la république de Gênes, serrée depuis par les corsaires algériens, s'adressa à l'illustre marin Camillo, prince de P***, pour le prier de se mettre à la tête de quatre galères bien équipées et bien montées, pour faire une croisière contre les forbans. Camillo, affamé de gloire, écrivit à son fils aîné Francesco, et lui ordonna de venir gouverner les états paternels pendant l'absence du chef de sa maison. Francesco apprenait pour lors la peinture dans l'école de Léonard de Vinci, et l'enthousiasme de l'art s'était si fort emparé de lui qu'il ne pouvait songer à autre chose; aussi le préférait-il aux honneurs et à la puissance de la terre, et tous les travaux des hommes ne lui paraissaient que des occupations frivoles et inutiles. Il lui fut impossible de renoncer à son art et de quitter son maître, déjà très-avancé en âge. Il répondit donc à son père qu'il se sentait en état de tenir le pinceau et non pas le sceptre, et qu'il voulait rester chez Léonard. Or, le vieux prince, qui était très-fier, fut grandement courroucé contre son fils; il l'appela un fou, il dit qu'il était indigne de sa naissance, et il envoya auprès de lui des serviteurs de confiance pour le ramener. Et quand Francesco eut refusé opiniâtrement de revenir, qu'il eut déclaré qu'un prince environné de tout l'éclat du trône ne lui paraissait qu'un être méprisable en comparaison d'un grand peintre, et que les plus grands exploits de la guerre n'étaient que des jeux cruels, tandis que les créations du peintre étaient les images de l'esprit céleste dont il était animé, alors le héros Camillo fut enflammé d'une colère plus grande encore, et il jura de déshériter Francesco, et d'assurer sa succession à son fils cadet Zenobio. Francesco ne demandait pas mieux; il passa même un acte par lequel il renonçait de la manière la plus solennelle à son droit de succession en faveur de son frère. Il arriva de là que le prince Camillo ayant perdu la vie dans un combat sanglant contre les Algériens, Zenobio prit les rênes du gouvernement, et que Francesco, déguisant son rang et son nom, se fit peintre, et vécut assez péniblement d'une petite pension que son frère lui faisait.

Francesco était par caractère un jeune homme fier et hautain. Le vieux Léonard était seul en état de calmer sa fougue, et après qu'il eut renoncé à la succession de son père, il devint l'enfant tendre et fidèle de Léonard. Il aida le vieillard à achever plus d'un grand ouvrage, et bientôt l'élève s'élevant presque à la hauteur de son maître, acquit une grande réputation et fut chargé de peindre une foule de tableaux d'autel pour des églises et des couvens. Le vieux Léonard ne cessa de l'assister de ses conseils jusqu'à ce qu'enfin il mourut dans un âge très-avancé.

Quand le jeune Francesco eut perdu son maître, son orgueil et sa hauteur reprirent le dessus dans son âme. Il se regarda comme le plus grand peintre de son siècle, et réunissant son talent à sa naissance, il s'appelait lui-même le prince des peintres. Il ne parlait qu'avec dédain du vieux Léonard, et s'éloignant de son style chaste et simple, il se créa une nouvelle manière qui, joignant à la volupté des formes l'éclat du coloris, flattait les yeux de la multitude, dont les éloges immodérés le rendaient de plus en plus fier et insolent.

Il arriva qu'il tomba à Rome dans la société de jeunes gens dissolus, et comme il désirait être en toutes choses le premier et le principal, il ne tarda pas à se montrer le plus ardent dans la carrière du vice. Entraînés par le faux et trompeur éclat du paganisme, les jeunes gens à la tête desquels Francesco se trouvait formèrent une société secrète dans laquelle, se moquant avec impiété de la religion chrétienne, ils imitèrent les usages des anciens Grecs et célébrèrent des fêtes sacriléges avec des femmes sans mœurs. Il y avait parmi eux des peintres, mais plus encore de sculpteurs qui ne vantaient que l'antiquité et méconnaissaient tout ce que les artistes modernes, enflammés par la sainteté du christianisme, avaient imaginé à sa gloire et exécuté avec le plus grand succès. Francesco, dans son enthousiasme irréligieux, peignit plusieurs tableaux des temps mensongers de la fable. Personne ne savait rendre avec autant de vérité que lui les formes voluptueuses des femmes : car il prenait pour modèles de ces formes les statues de l'antiquité, tandis qu'il copiait les carnations d'après des modèles vivans. Au lieu d'aller comme autrefois s'édifier dans les églises et les couvens et y étudier les tableaux des grands maîtres, il ne cessait de s'exercer à peindre les dieux du paganisme. En attendant, la figure dont il se sentait le plus pénétré était celle que lui offrait une certaine statue célèbre de Vénus, dont sa pensée s'occupait sans relâche.

Il arriva une fois que la pension que Zenobio faisait à son frère éprouva quelque retard; et comme la vie dissolue que menait Francesco lui faisait dépenser tout l'argent qu'il gagnait aussitôt qu'il l'avait reçu, il se trouva dans un grand embarras. Il se rappela pour lors qu'un couvent de capucins lui avait demandé long-temps auparavant un tableau de sainte Rosalie, dont il lui avait offert un prix considérable, et il résolut en conséquence d'achever le plus promptement qu'il pourrait, afin d'avoir de l'argent, cet ouvrage que jusqu'alors il n'avait pas voulu entreprendre, par haine contre les saints du christianisme. Il songea à peindre la sainte nue, et quant aux formes et aux traits, à les rendre tout-à-fait semblables à cette Vénus. L'esquisse réussit avec un rare bonheur, et les jeunes impies dont il faisait sa société louèrent très-fort l'idée sacrilége de Francesco d'envoyer aux bons moines pour placer dans leur église une divinité païenne au lieu d'une sainte chrétienne. Mais ne voilà-t-il pas que, comme Francesco commençait à peindre, son tableau s'arrangea tout autrement qu'il ne l'avait projeté : un génie plus puissant triompha du génie du mensonge qui l'avait gouverné. Le visage d'un ange des régions les plus élevées du ciel commença peu à peu à poindre derrière d'obscurs brouillards. Mais, saisi tout à coup de la crainte de blesser la sainteté et de subir ensuite le châtiment du Seigneur, Francesco n'osa pas achever le visage, et le corps se couvrit de vêtemens modestes gracieusement drapés. La robe était d'un rouge foncé, et le manteau bleu d'azur.

Les capucins, en écrivant au peintre, s'étaient contentés de demander un tableau de sainte Rosalie, sans dire s'ils désiraient que ce tableau représentât quelque trait particulier de la vie de la sainte. En conséquence Francesco avait d'abord peint la figure toute seule au milieu de la toile. Animé par son génie, il se mit à grouper autour d'elle toutes sortes de figures qui devaient représenter son martyre. Il se sentit entièrement absorbé dans son ouvrage, ou pour mieux dire, cet ouvrage était le génie puissant qui l'entourait de son bras plein de force et le soutenait hors de la vie coupable qu'il avait jusqu'alors menée. En attendant, il lui fut impossible d'achever le visage de la sainte, et cette impossibilité devint pour lui un supplice infernal qui le piquait des aiguillons les plus acérés. Il ne songeait plus, à la vérité, à la statue de Vénus, mais il lui semblait voir son vieux maître Léonard, qui le regardait d'un œil plaintif et qui lui disait le plus douloureusement du monde : Hélas ! je voudrais bien t'aider, mais cela ne m'est pas permis. Il faut d'abord que tu renonces à tout projet coupable, et que tu implores avec repentir et humilité l'intercession des saints contre lesquels tu as péché. Les jeunes gens que Francesco fuyait depuis si long-temps vinrent le trouver dans son atelier, où ils le virent étendu sur son lit comme un malade sans force ; mais quand Francesco se fut plaint à eux de l'embarras où il était et leur eut dit qu'il semblait qu'un mauvais génie lui eût enlevé ses moyens et l'eût mis hors d'état d'achever le portrait de sainte Rosalie, ils rirent tous aux éclats, et lui dirent :

« Eh bien, comment es-tu tombé

tout à coup si malade ? Faisons une libation de vin à Esculape et à la bienfaisante Hygie, afin que cette faiblesse se dissipe. »

On apporta du vin de Syracuse, avec lequel les jeunes gens remplirent les coupes, qu'ils vidèrent sous la forme de libation devant le portrait inachevé de la divinité païenne. Mais quand ils eurent commencé à boire et qu'ils eurent offert aussi de leur vin à Francesco, celui-ci refusa de leur faire raison, et ne voulut pas prendre part aux orgies de ces écervelés, quoiqu'ils bussent à la santé de la déesse Vénus. Un d'entre eux prit alors la parole et dit :

« Ce peintre insensé est réellement malade dans l'esprit comme dans le corps, et il faut que j'aille chercher un médecin. »

Il jeta son manteau sur ses épaules,

mit son épée et sortit de l'appartement; mais au bout de quelques instans il rentra et dit:

« Voyez mes amis, c'est moi-même qui suis le docteur, et je veux guérir ce malade. »

Le jeune homme s'efforça d'imiter les manières et la démarche d'un vieux médecin; il faisait force grimaces, ce qui excitait la gaieté de ses camarades. S'étant approché de Francesco, il lui dit:

« Pauvre jeune homme! il faut que je te relève de l'impuissance dans laquelle tu es tombé. D'où vient, dis-moi, cet air si pâle et si souffrant? Tu ne plaîras pas ainsi à la déesse de la beauté. Tu comptes peut-être sur la puissante protection de sainte Rosalie. Jeune insensé! prends plutôt de ma panacée. Puisque tu veux peindre des saints, mon breuvage te donnera des forces : c'est du vin de la cave de saint Antoine. »

A ces mots, le prétendu docteur tira de dessous son manteau une bouteille qu'il déboucha. Il en sortit un parfum étrange qui enivra les jeunes gens, au point que, saisis par le sommeil, ils se laissèrent tomber sur leurs chaises et fermèrent les yeux. Mais Francesco, furieux du discours méprisant qu'on lui avait tenu, arracha la bouteille des mains du docteur, et y but à longs traits.

« Grand bien te fasse ! » s'écria le jeune homme qui avait quitté son déguisement; après quoi il réveilla ses camarades, et ils descendirent tous ensemble l'escalier.

De même que le Vésuve gronde et vomit des flammes, ainsi des torrens de feu s'échappaient du sein de Francesco. Il vit devant les yeux ses images de toutes les divinités du paganisme qu'il avait peintes, et il s'écria à haute voix :

« Et toi aussi tu viendras, déesse chérie, tu vivras et tu seras à moi, ou bien je me consacre au service des dieux infernaux. »

Comme il disait ces mots il crut voir Vénus qui se tenait à côté de son tableau et qui lui souriait avec bonté. Il sauta aussitôt à bas de son lit et commença à peindre la tête de sainte Rosalie. Il ne doutait pas qu'il ne pût alors copier exactement les traits charmans de la déesse ; mais sa volonté ne se trouva pas assez puissante pour conduire sa main. Le pinceau glissait toujours du brouillard dans lequel la tête de la sainte était enveloppée, sur ceux des hommes barbares dont elle était entourée, et cependant le visage céleste de la sainte devenait toujours plus visible et finit par fixer sur Francesco des yeux si pleins de vie qu'il tomba par terre comme s'il avait été frappé de la foudre.

Quand il eut un peu ranimé ses sens, il se releva péniblement, mais il n'osa pas jeter les yeux sur le portrait qui l'avait si fort épouvanté. Il s'approcha les yeux baissés de la table sur laquelle le médecin avait laissé sa bouteille, et il en but un coup assez fort. Cela lui rendit de nouveau de la vigueur; il jeta encore un regard sur le tableau et il vit que l'ouvrage étoit achevé. Ce n'était pas sainte Rosalie, mais Vénus elle-même qui lui souriait avec volupté. Aussitôt Francesco se sentit enflammé d'une passion sacrilége. Il gémit dans ses désirs insensés; il se rappela le sculpteur Pygmalion dont il avait peint l'histoire, et il adressa comme lui une prière à la déesse Vénus pour qu'elle daignât animer son tableau. Bientôt, en effet, il crut voir du mouvement dans le portrait ; mais quand il étendit les bras pour l'y serrer, il s'aperçut bien que ce n'était que de la toile qu'il embrassait; alors il s'arracha les cheveux et se conduisit en tout comme un homme dont le démon s'est emparé.

Deux jours et deux nuits Francesco se livra à ces accès de folie. Le troisième jour, il se tenait comme une statue devant son tableau, quand la porte de sa chambre s'ouvrit, et il entendit derrière lui un bruit semblable au frôlement des habits de femme. Il se retourna et vit en effet une femme qu'il reconnut pour l'original de son portrait. Il faillit perdre l'esprit en voyant devant ses yeux, vivante et dans tout l'éclat de la beauté, une image qu'il avait copiée d'après une statue de marbre. Muet de surprise et d'effroi, il tomba à genoux devant l'étrangère et éleva vers elle les mains dans l'attitude de la prière. Celle-ci le releva en souriant et lui dit que, dès le temps où il fréquentait l'école du vieux Léonard de Vinci, elle l'avait vu souvent, et quoiqu'elle ne fût encore qu'un enfant, elle avait senti pour lui un amour inexprimable. Ne pouvant résister à sa passion, elle avait abandonné ses parens et sa famille et était venue seule à Rome pour le retrouver : car une voix intérieure lui avait dit que son cher Francesco l'aimait tendrement, et avait même fait son portrait sans l'avoir jamais vue, pressentiment dont elle reconnaissait alors la vérité.

Francesco reconnut pour lors qu'une sympathie mystérieuse existait entre lui et la femme étrangère, et que c'était cette sympathie qui avait créé à la fois son tableau et l'amour dont il était consumé.

Il embrassa tendrement cette inconnue et voulut se rendre sur-le-champ avec elle à l'église, afin qu'un prêtre les unît pour toujours par le saint sacrement du mariage. Mais cette proposition parut causer de l'effroi à l'étrangère, qui lui dit:

« Eh! mon cher Francesco, n'es-tu pas un célèbre artiste qui ne te laisses pas enchaîner dans les liens de l'église chrétienne? N'es-tu pas dévoué de corps et d'âme à la joyeuse antiquité et à ses divinités si bienfaisantes? Nos nœuds ont-ils besoin du secours de prêtres mélancoliques qui, renfermés dans leurs tristes cellules, coulent leur vie dans des plaintes sans espérance? Célébrons gaiement la fête de notre amour. »

Francesco se laissa séduire par ces discours, et en conséquence, dès le soir même, il célébra avec ses jeunes camarades, si coupables dans leur légèreté, son mariage avec la femme étrangère, selon les rites du paganisme. Elle avait apporté avec elle une petite cassette avec des bijoux et de l'or, et Francesco vécut assez long-temps avec elle dans des plaisirs criminels, et en négligeant même son art.

Cependant cette femme devint enceinte. Se beauté se montrait de jour en jour plus éclatante; elle avait une ressemblance extraordinaire avec la statue de Vénus, et Francesco pouvait à peine supporter son bonheur. Une nuit, des gémissemens étouffés le réveillèrent. S'étant levé précipitamment et s'étant approché de sa femme une lumière à la main, il vit qu'elle lui avait donné un fils. Il envoya aussitôt ses domestiques chercher une sage-femme et un médecin. Francesco prit l'enfant dans ses bras; mais en ce moment la mère poussa un cri épouvantable et se tordit comme si elle s'était sentie saisie par des mains vigoureuses. La sage-femme arriva avec son aide ; elle fut suivie du médecin ; mais quand ils voulurent donner leurs secours à l'accouchée, ils frémirent en voyant qu'elle était sans mouvement, son cou et sa poitrine couverts d'horribles taches bleues, et n'ayant au lieu de ces beaux traits si pleins de jeunesse, qu'un visage ridé, affreux, avec des yeux ouverts et sortant de la tête. Aux cris que poussèrent les deux femmes, des voisins accoururent. Depuis long-temps les bruits les plus étranges s'étaient répandus au sujet de cette étrangère ; la vie voluptueuse qu'elle menait avec Francesco avait scandalisé tout le monde, et l'on avait même été sur le point de dénoncer aux autorités ecclésiastiques leur coupable union que l'église n'avait point consacrée. Quand on vit combien la mort avait défiguré cette femme, il n'y eut plus de doute qu'elle n'eût fait un pacte avec le diable, qui venait de s'emparer d'elle. Sa beauté n'avait été qu'une illusion produite par la magie. Tout le monde s'enfuit épouvanté ; personne ne voulut toucher le corps. Francesco comprit aussi avec qui il avait eu affaire, et une inquiétude extrême s'empara de lui. Tous ses crimes se présentèrent à la fois à ses regards, et le châtiment du Seigneur commença pour lui dès ce monde, car il sentit dans son sein les flammes de l'enfer.

Le lendemain, un juge du tribunal ecclésiastique arriva avec ses archers pour arrêter Francesco ; mais son courage se réveilla, ainsi que sa fierté ; il saisit son épée, se fit jour à travers les archers et s'enfuit. Parvenu à une distance assez considérable de Rome, il trouva une caverne dans laquelle il se reposa de la fatigue qui l'accablait. Sans savoir précisément lui-même ce qu'il faisait, il avait pris l'enfant nouveau-né et l'avait emporté avec lui, enveloppé dans son manteau. Plein de courroux, il eut d'abord l'idée d'écraser contre une pierre l'enfant que cette femme infernale lui avait donné ; mais, en le soulevant, il l'entendit se plaindre douloureusement, et, saisi de pitié, il le posa sur de la mousse et lui exprima dans la bouche le jus d'une orange qu'il avait dans sa poche.

Semblable à un ermite pénitent, Francesco passa plusieurs semaines dans la caverne, et, se détournant du péché dans lequel il avait si long-temps vécu, il adressa de ferventes prières aux saints; mais ce fut surtout sainte Rosalie, si grièvement offensée par lui, qu'il invoqua, afin qu'elle intercédât pour lui au pied du trône du Seigneur.

Un soir Francesco, agenouillé, priait dans la solitude, les yeux fixés sur le soleil, qui se préparait à éteindre ses feux dans la mer. Déjà le pourpre du couchant s'était changé dans les teintes grisâtres du crépuscule, quand Francesco aperçut dans les airs une couleur rosée qui prit peu à peu une forme distincte. C'était sainte Rosalie, qui, entourée d'anges, s'inclinait sur un nuage et qui prononça les paroles suivantes dans un doux et agréable murmure :

« Seigneur, pardonnez à l'homme qui, dans sa faiblesse et son impuissance, n'a pas su résister aux séductions de Satan. »

Aussitôt des éclairs traversèrent la lumière rosée, et un tonnerre sourd ébranla la voûte des cieux.

« Quel homme coupable a plus péché que celui-ci ? Il n'obtiendra point de grâce, il ne jouira pas du repos de la tombe tant que la race que ses crimes auront produite continuera à se livrer au péché et à l'impiété ! »

Francesco s'inclina dans la poussière : car il sentait que son arrêt venait d'être prononcé, et qu'une destinée affreuse le condamnait à vivre sans espérance. Il s'enfuit sans songer à l'enfant qu'il avait laissé dans la caverne, et vécut dans une profonde et cruelle misère, car il n'était plus en état de peindre. Plusieurs fois il forma le projet d'exécuter des tableaux magnifiques à la gloire de la religion chrétienne ; il en dessinait les plans dans sa tête ; ces tableaux devaient représenter l'histoire de la mère de Dieu et de sainte Rosalie ; mais comment aurait-il pu les entreprendre, ne possédant pas un écu dans le monde pour acheter des couleurs ou de la toile, et ne prolongeant sa triste vie qu'à l'aide des aumônes qu'il recevait à la porte des couvens ?

Or, il arriva qu'un jour, comme il se trouvait dans une église et que, les yeux fixés sur un mur dépouillé, il peignait en idée un tableau dont il aurait voulu le couvrir, deux femmes voilées s'approchèrent de lui. L'une d'elles lui dit avec une voix douce comme celle d'un ange :

« Dans le pays éloigné de Prusse, une église a été bâtie à la vierge Marie, là où des anges ont déposé son image dans un tilleul. Cette église manque encore des ornemens de la peinture. Vas-y, exerce ton art avec une sainte piété, et ton âme déchirée y trouvera une céleste consolation. »

Francesco ayant levé les yeux sur ces femmes, il les vit se dissiper dans une lumière éclatante mais douce, et laissant après elles une odeur de lis et de roses.

Ne pouvant plus avoir d'incertitude sur les femmes qu'il venait de voir, Francesco prit la résolution de commencer dès le lendemain son pèlerinage; mais, dans la soirée du même jour, un serviteur de son frère Zenobio parvint, après de longues recherches, à découvrir sa retraite. Il lui remit deux années de sa pension, et l'invita à se rendre à la cour de son maître. Cependant, Francesco ne garda pour lui de tout cet argent qu'une faible somme; il distribua le reste aux pauvres et se mit en route pour le pays éloigné de Prusse. Il passa par Rome et s'arrêta dans le couvent de capucins pour lequel il avait peint le tableau de sainte Rosalie. Il le vit en effet dans la chapelle de cette sainte; mais, en y regardant de près, il reconnut que ce n'était qu'une copie de celui qu'il avait fait. Il apprit que les religieux n'avaient pas osé garder l'original à cause des bruits étranges qui avaient couru au sujet du peintre, chez qui le tableau avait été trouvé après sa fuite. En conséquence, après en avoir fait faire une copie, ils avaient vendu cet original au couvent de leur ordre à B*** en Allemagne.

Après un long et pénible pèlerinage, Francesco arriva dans le couvent du Tilleul-Sacré, situé dans la Prusse orientale, et il exécuta l'ordre que la sainte Vierge elle-même lui avait donné. Il peignit les tableaux de l'église avec un talent si merveilleux qu'il ne put douter que l'esprit de la grâce n'eût commencé à agir en lui. Une consolation céleste coula dans son âme.

CHAPITRE V.

SUITE DE LA FEUILLE DE PARCHEMIN DU PEINTRE.

Or, il arriva que le comte Filippo de S***, se trouvant à la chasse dans un lieu solitaire et sauvage, fut surpris par un orage affreux. La tempête mugissait à travers les rochers, la pluie tombait par torrens comme si un nouveau déluge allait détruire encore la race humaine. Le comte Filippo, ne sachant où trouver une retraite, arriva enfin à l'entrée d'une caverne, dans laquelle il pénétra difficilement avec son cheval. De gros nuages noirs couvraient l'horizon tout entier, et répandaient sur la nature une si profonde obscurité que le comte Filippo ne put rien distinguer dans la caverne, si ce n'est au son les objets les plus rapprochés. Il craignait qu'un animal sauvage ne s'y fût caché, et il tira son épée pour se défendre en cas de besoin. Cependant, quand l'orage fut passé et que les rayons du soleil pénétrèrent de nouveau dans la caverne, il vit, à sa grande surprise, un petit enfant tout nu, couché sur un lit de feuillage, et qui le regardait avec des yeux brillans. Auprès de cet enfant il y avait une coupe d'ivoire dans laquelle le comte Filippo trouva encore quelques gouttes d'un vin parfumé que l'enfant but avec avidité. Le comte fit retentir son cor ; peu à peu les personnes de sa suite, qui s'étaient sauvées chacune de son côté, se rassemblèrent, et l'on attendit, d'après l'ordre du comte, pour voir si celui qui avait déposé l'enfant dans la caverne ne viendrait pas le reprendre. Comme la nuit allait tomber, le comte Filippo dit :

« Je ne puis pas laisser cet enfant à l'abandon. Je veux l'emmener avec moi, et je veux publier partout ce que j'ai fait, afin que ses parens et les personnes qui l'ont mis dans la caverne puissent venir le réclamer. »

Les choses se firent ainsi ; mais des semaines, des mois, des années s'écoulèrent sans que personne se présentât. Le comte avait fait baptiser le petit orphelin, et lui avait fait donner le nom de

Francesco. L'enfant avança en âge et devint un jeune homme extraordinaire pour le corps et pour l'esprit. Le comte, attiré par les dons merveilleux qu'il avait reçus de la nature, l'aimait comme un fils, et attendu qu'il n'avait pas d'enfans, il prit la résolution de lui laisser tous ses biens. Francesco avait déjà atteint sa vingt-cinquième année, quand le comte Filippo devint follement amoureux d'une jeune demoiselle pauvre, mais d'une beauté extraordinaire, et l'épousa quoiqu'elle sortît à peine de l'enfance et qu'il fût très-avancé en âge. Francesco ne tarda pas à éprouver une coupable inclination pour la comtesse; et quoiqu'elle fût très-vertueuse et d'une grande piété, et qu'elle eût bien formé le projet de ne pas manquer à ses sermens, il sut si bien l'enlacer par des artifices diaboliques, qu'après un long combat elle s'abandonna à son amour criminel, et Francesco paya les bienfaits de son père adoptif par l'ingratitude et la trahison. Les deux enfans, Pietro et Angiola, que le vieux comte Filippo pressa contre son sein avec une joie paternelle furent les fruits de cette liaison, qui demeura toujours un secret pour lui comme pour le monde.

Poussé par un sentiment intérieur, je me rendis auprès de mon frère Zenobio et je lui dis :

« J'ai renoncé au trône, et j'ai résolu, quand même tu mourrais sans enfans, de rester un pauvre peintre et de couler ma vie en exerçant pieusement et tranquillement mon art ; mais il ne faut pas que notre petit pays devienne la propriété d'un état étranger. Ce Francesco que le comte Filippo a élevé est mon fils. C'est moi qui en fuyant l'ai oublié dans la caverne où le comte l'a trouvé ;

mes armes sont gravées sur la coupe d'ivoire qui était auprès de lui; mais ce qui prouve bien mieux encore sa naissance, ce sont ses traits qui ne permettent pas de douter qu'il appartienne à notre famille. Frère Zenobio, adopte ce jeune homme pour ton fils, et qu'il soit ton successeur. »

Zenobio balança parce qu'il craignait que le jeune Francesco ne fût le fruit d'un amour illégitime. Je parvins à lever cette difficulté par mon influence auprès du saint père, de qui j'obtins une légitimation de l'acte d'adoption. Cet événement mit fin à la vie coupable que menait mon fils; il se maria et eut un enfant qu'il nomma Paolo Francesco. La race coupable s'est perpétuée par des crimes. Mais le repentir de mon fils ne peut-il pas effacer son péché? J'étais devant lui comme la justice criminelle du Seigneur : car son cœur m'était parfaitement connu, et ce qui demeurait caché au monde m'était dévoilé par l'esprit qui devenait en moi de plus en plus puissant; ce qui me soutint sur les flots agités de la vie, en sorte que je puis regarder dans l'abîme sans qu'un étourdissement m'entraîne à la mort.

L'éloignement de Francesco causa la mort de la comtesse de S*** : car ce fut alors seulement qu'elle reconnut combien elle s'était rendue coupable, et elle ne put supporter le combat que se livraient dans son sein son amour pour son séducteur et le repentir que lui causait sa conduite. Le comte Filippo vécut jusqu'à l'âge de quatre-vingt-dix ans et retomba en enfance avant de mourir. Son fils putatif Pietro se rendit avec sa sœur Angiola à la cour de Francesco, qui avait succédé à Zenobio. Les fiançailles de Paolo Francesco, fils légitime de Francesco, avec Vittoria, princesse de M***, furent célébrées avec une grande pompe; mais quand Pietro contempla la future dans tout l'éclat de sa beauté, il se sentit enflammé de l'amour le plus violent, et sans égard pour le danger qu'il pouvait courir, il s'efforça de gagner les bonnes grâces de Vittoria. La conduite de Pietro échappa aux regards du fiancé, lequel était lui-même éperdument amoureux d'Angiola, qui était sa sœur sans qu'il s'en doutât, et qui repoussait avec froideur sa passion.

Cependant Vittoria, s'éloigna de la cour, sous le prétexte d'accomplir avant son mariage un vœu qu'elle avait fait. Elle ne revint qu'au bout d'une année. Le mariage devait se célébrer, et immédiatement après la solennité, le comte Pietro devait retourner chez lui avec sa sœur Angiola. L'amour de Paolo Francesco pour cette dernière n'avait fait que s'enflammer par les refus constans qu'elle y avait opposés; il s'était changé en un désir violent et furieux que la possession seule pouvait désormais satisfaire. D'après cela le jour même de son mariage, avant de se rendre dans la chambre nuptiale, il s'introduisit dans celle d'Angiola, à laquelle pendant le repas il avait fait donner une potion somnifère, et il consomma son crime à l'insu de sa victime.

Angiola faillit mourir des suites de cet attentat, et Paolo Francesco, déchiré de remords, avoua ce qu'il avait fait. Dans le premier moment la colère de Pietro fut si grande, qu'il voulut percer le cœur du traître de sa propre main; mais il se calma en songeant que la vengeance avait précédé le crime. La petite Jacinthe, princesse de B***, qui passait pour être la fille d'une sœur de Vittoria, était au contraire le fruit des liaisons secrètes que

Pietro avait eues avec la fiancée de Paolo Francesco. Pietro se rendit avec Angiola en Allemagne, où celle-ci mit au monde un fils qu'on nomma François, et qu'elle fit élever avec soin. L'innocente Angiola finit par se consoler de l'attentat dont elle avait été victime, et redevint plus belle que jamais. Elle inspira un amour violent au prince Théodore de W***, et le paya du plus tendre retour. Elle devint bientôt son épouse, tandis que le comte Pietro épousa vers la même époque une dame allemande qui lui donna une fille. Le prince Théodore eut deux fils de sa femme.

Quoique la pieuse Angiola n'eût pas le plus léger reproche à se faire, elle tombait souvent dans une profonde mélancolie quand elle se rappelait l'attentat de Paolo. Il lui semblait qu'un péché, même involontaire, devait être puni, et que le châtiment en retomberait sur elle et sur sa postérité. La confession même et l'absolution ne parurent pas la tranquilliser. Après avoir long-temps souffert, elle s'imagina qu'une inspiration céleste lui ordonnait de tout avouer à son époux. Quoiqu'elle n'ignorât pas ce qu'il lui en coûterait, elle demeura ferme dans sa résolution de tout dire, et elle accomplit son projet. Le prince Théodore apprit avec horreur un pareil crime, et l'émotion qu'il en éprouva parut vouloir d'abord se tourner contre son innocente épouse. Elle alla donc passer quelques mois dans un château solitaire. Pendant ce temps le prince parvint à surmonter l'amertume de ses sentimens, et il en vint au point, non-seulement de lui rendre toute son amitié, mais encore de s'occuper à son insu de l'éducation de François. De tous les descendans du peintre aucun ne ressembla autant que ce François, pour le corps comme pour l'esprit, à son fils

Francesco, que le comte Filippo avait fait élever. C'était un jeune homme étonnant, doué d'un génie supérieur, ardent et prompt dans la pensée comme dans l'exécution. Puissent les péchés de son père, puissent ceux de ses ancêtres ne pas retomber sur lui ! puisse-t-il résister aux séductions du démon !

Avant la mort du prince Théodore, ses deux fils Alexandre et Jean voyagèrent dans la belle Italie. Les deux frères se séparèrent à Rome, non pas qu'aucune discorde se fût élevée entre eux, mais uniquement à cause de la différence de leurs goûts et de leurs projets. Alexandre arriva à la cour de Paolo Francesco, et y devint amoureux de la plus jeune des filles que ce prince avait eues de Vittoria. Il voulut l'épouser ; mais le prince Théodore rejeta l'idée de ce mariage avec une horreur qui demeura inexplicable à son fils ; c'est pour cela qu'Alexandre n'épousa la fille de Paolo Franceseo qu'après la mort du prince Théodore. Le prince Jean avait fait connaissance, dans le cours de ses voyages, avec son frère François, et il s'attacha si fort à ce jeune homme, quoiqu'il ignorât les liens du sang qui les unissaient, qu'il ne voulut plus se séparer de lui. François fut cause que le prince, au lieu de revenir auprès de son père, retourna en Italie. La destinée, éternelle et impénétrable dans ses décrets, voulut que le prince Jean et François devinssent tous les deux éperdument amoureux de Jacinthe, fille naturelle de Pietro et de Vittoria. La destruction germa; qui pourrait résister aux puissances ténébreuses?

Les crimes et les péchés de ma jeunesse ont été à la vérité affreux; mais grâce à l'intercession des bienheureux et de sainte Rosalie, je suis sauvé de la damnation éternelle. Il m'est permis d'en souffrir les peines sur cette terre, jusqu'à ce que le tronc coupable se flétrisse et ne porte plus de fruits. Le poids des choses terrestres dominant, les forces spirituelles m'oppressent, et quoique je prévoie vaguement le sombre avenir, les couleurs trompeuses de la vie m'aveuglent; mon œil affaibli s'égare dans des images confuses, sans que je puisse distinguer leurs véritables formes. J'aperçois souvent le fil que les puissances ténébreuses, conjurées contre mon salut, tirent de leurs fuseaux, et je crois pouvoir le saisir et le déchirer; mais c'est en vain; je suis condamné à souffrir, et il faut que je supporte avec une foi pieuse et patiente les peines qui m'ont été imposées pour laver mes crimes.

J'avais trouvé moyen d'éloigner le prince et François de Jacinthe; mais Satan s'occupait à préparer à François une ruine à laquelle il ne pourrait échapper. François arriva avec le prince dans le lieu où le comte Pietro demeurait avec son épouse et sa fille Aurélie, qui venait d'achever sa quinzième année. De même que son coupable père, Paolo Francesco avait brûlé d'un amour indomptable à la vue d'Angiola, ainsi une flamme défendue s'alluma dans le sein du fils quand il aperçut la charmante Aurélie. Par les ruses les plus infernales, il sut enlacer la jeune et innocente enfant, au point qu'elle se livra tout entière à lui, et qu'elle devint criminelle avant même que la pensée du crime se fût élevée dans son cœur. Quand il ne fut plus possible de cacher ce qui s'était passé, il se jeta désespéré aux pieds de la mère d'Aurélie, et avoua sa faute. Le comte Pietro, quoique pécheur et coupable lui-même, aurait mis à mort François et Aurélie. La comtesse fit sentir au premier son juste courroux, et le bannit à jamais de sa présence et de celle de sa fille, le menaçant, s'il osait y reparaître, de tout dévoiler à son époux. Cette tendre mère réussit à dérober aux yeux du comte sa malheureuse fille, qui accoucha, dans un lieu écarté, d'un enfant du sexe féminin. Mais François ne pouvait vivre loin d'Aurélie ; il découvrit sa retraite, y courut et entra dans sa chambre au moment où la comtesse s'y trouvait seule à côté de sa fille, et tenait sur ses genoux son enfant âgé de huit jours. Effrayée à l'aspect inattendu du scélérat, la comtesse se leva et lui ordonna de quitter l'appartement.

« Fuis, fuis, malheureux, cria-t-elle, car tu es perdu. Le comte Pietro sait ce que tu as fait. »

Elle disait cela pour l'effrayer, et le poussait toujours vers la porte ; mais François, saisi tout à coup d'une fureur diabolique, arracha l'enfant des bras de la comtesse, lui donna un grand coup de poing dans la poitrine qui la fit tomber en arrière, et se sauva.

Quand Aurélie revint d'un profond évanouissement, sa mère n'était plus : elle avait succombé à une profonde blessure qu'elle s'était faite à la tête en tombant contre une armoire garnie en fer. François eut d'abord l'intention de faire mourir l'enfant. En conséquence il l'enveloppa dans du linge, et descendit l'escalier dans l'obscurité. Comme il allait sortir de la maison où il logeait, il entendit des plaintes partir d'une chambre au rez-de-chaussée. Il s'arrêta involontairement, prêta l'oreille, et finit par se rapprocher de cette chambre. En cet instant une femme en sortit, qu'il reconnut pour la garde de la baronne de S***, chez qui il demeurait. Il lui demanda pourquoi elle pleurait.

« Hélas ! Monsieur, répondit-elle, je suis la plus malheureuse des femmes. Il n'y a qu'un moment que la petite Euphémie était sur mes genoux, toute gaie et toute riante, voilà que tout à coup elle penche sa tête et meurt.... Elle a des taches bleues sur le front, et l'on m'accusera sans doute de l'avoir laissé tomber. »

François se hâta d'entrer dans la chambre, et quand il vit l'enfant qui venait de mourir, il se convainquit que le sort voulait que le sien vécût, car sa ressemblance avec la petite Euphémie était extraordinaire. La garde, qui peut-être n'était pas aussi innocente de la mort de l'enfant qu'elle le prétendait, et corrompue, d'ailleurs, par le riche présent que lui fit François, consentit à l'échange. François enveloppa l'enfant mort dans le linge, et le jeta dans la rivière. Celui d'Aurélie fut élevé comme si c'eût été la fille de la baronne de S***; elle porta le nom d'Euphémie, et le monde demeura ignorant du secret de sa naissance. La malheureuse n'eut pas le bonheur de recevoir le sacrement du baptême, car l'enfant dont elle prit la place était déjà baptisé. Aurélie épousa plusieurs années après le baron de F***, à qui elle donna deux enfans, Hermogène et Aurélie.

La puissance éternelle du ciel avait permis que, quand le prince Jean retourna dans la résidence de son frère avec Francesco, nom italianisé qu'il avait donné à son ami François, je les y accompagnasse. Je voulus retenir d'un bras vigoureux l'incertain Francesco, au moment où il s'approcha de l'abîme qui s'était ouvert sous ses pas; entreprise insensée d'un pécheur sans pouvoir, qui n'avait pas encore trouvé grâce devant le trône du Seigneur !.... Francesco assassina son frère, après avoir commis sur son épouse Jacinthe un épouvantable attentat. Le fils de Francesco est l'infortuné jeune homme que le prince avait fait élever sous le nom de comte Victorin. Le meurtrier Francesco s'était flatté d'épouser la pieuse sœur de la princesse, mais je parvins à empêcher ce sacrilége au moment où il allait s'accomplir devant les autels.

Il fallut la profonde misère dans laquelle François tomba, après qu'il eut pris la fuite, déchiré par la pensée que ses péchés étaient irrémissibles, pour le porter au repentir. Epuisé par le chagrin et la maladie, il arriva un jour chez un fermier qui l'accueillit avec amitié. La fille du fermier, jeune personne modeste et pieuse, s'enflamma d'un amour extraordinaire pour l'étranger, et lui prodigua les soins les plus tendres. Il arriva donc que, quand François fut guéri, il paya de retour l'amour de la jeune personne, et ils furent unis par un lien légitime et sacré. Il parvint par sa prudence et ses connaissances à augmenter considérablement le bien de son beau-père, en sorte qu'il jouit d'une fort grande aisance. Mais le bonheur du pécheur qui n'est pas réconcilié avec son Dieu est incertain et plein de vanité; François retomba dans la plus grande pauvreté, et pour comble de maux son esprit et son corps s'affaiblirent en même temps. Sa vie entière ne fut plus après cela qu'une pénitence continuelle. A la fin le ciel lui envoya un rayon de consolation : une vision lui dit de faire un pèlerinage au Tilleul-Sacré, et lui promit que la naissance d'un fils lui annoncerait la grâce du Seigneur.

Dans le bois qui entoure le Tilleul-Sacré, je me suis approché de la mère affligée, comme elle versait des larmes sur le petit orphelin qu'elle avait mis au monde, et je l'ai ranimée par des paroles de consolation.

La grâce du Seigneur se montra d'une manière miraculeuse en faveur de l'enfant né dans l'enceinte sacrée du bienheureux. Il arriva souvent que l'enfant Jésus se présenta à lui sous une forme visible et alluma de bonne heure dans son âme les étincelles de la charité.

La mère a fait donner à son enfant, dans le saint baptême, le nom de son père François. Seras-ce donc toi François, qui, né dans un lieu saint, par ta conduite pieuse, effaceras les péchés du plus criminel de tes aïeux et lui procureras le repos de la tombe? Loin du monde et de ses séductions, cet enfant se consacrera entièrement aux choss du ciel. Il se fera ecclésiastique. Le saint homme qui versa dans mon sein une consolation surnaturelle l'a annoncé à sa mère, et c'est peut-être la prédiction de la grâce qui m'éclaire d'une lumière merveilleuse, au point que je crois voir dans mon intérieur l'image vivante de l'avenir.

Je vois ce jeune homme combattre contre la puissance ténébreuse qui l'attaque avec de armes terribles!... Il tombe, mais une femme céleste pose sur sa tête la couronne de la victoire!... C'est sainte Rosalie elle-même qui le sauve!... Aussi souvent que la puissance éternelle du ciel me le permettra, je veux être près de l'enfant, du jeune homme, de l'homme fait; je veux le protéger autant que mes forces y pourront suffire.... Il sera comme....

(*Observation de l'Éditeur.*)

Ici, cher lecteur, le manuscrit du vieux peintre est devenu si illisible qu'il nous a été impossible d'en déchiffrer un mot de plus. Nous revenons donc aux mémoires remarquables du capucin Médard, que nous reprendrons où nous les avons laissés.

CHAPITRE VI.

J'EN étais arrivé au point que, partout
je me faisais voir dans les rues de
ome, on s'arrêtait, et s'inclinant avec
milité on me demandait ma bénédic-
on. Il est possible que la pénitence
vère à laquelle je me livrais eût suffi
ur me faire ainsi remarquer; mais il est

certain aussi que mon apparence étrange et en quelque sorte merveilleuse ne pouvait manquer de frapper vivement l'esprit ardent et romanesque des Romains, et de me rendre auprès d'eux le héros de quelque pieuse légende. Souvent quand, livré à de profondes méditations, je m'étais laissé tomber au pied d'un autel, j'étais réveillé par un bourdonnement causé par les prières des fidèles, et je remarquais autour de moi un cercle de personnes pieuses qui semblaient implorer mon intercession. Ainsi que dans le couvent des capucins, j'entendais murmurer autour de moi : *Il santo!* et ces paroles étaient autant de coups de poignard dans mon sein.

Fatigué de cette position, je m'étais décidé à quitter Rome, quand, à ma grande surprise, le prieur du couvent dans lequel je logeais m'apprit que le saint père désirait me parler. De sombres pressentimens s'élevèrent à cette nouvelle dans mon âme. Je craignais que l'esprit malin ne s'efforçât encore de me retenir dans ses dangereuses chaînes. Quoi qu'il en soit, je pris courage et je me rendis à l'heure indiquée au Vatican. Je m'approchai avec humilité, et je fis les génuflexions d'usage. Le saint père me regarda d'un œil scrutateur ; mais son regard avait de la bonté. Au lieu de la sévère gravité que j'avais cru y remarquer en le voyant de loin, je trouvai qu'un sourire aimable régnait sur tous ses traits. Sa sainteté me demanda d'où je venais et ce qui m'avait conduit à Rome. Elle s'informa, selon l'usage, de mes relations personnelles, et ajouta en se levant de son fauteuil :

« Je vous ai fait appeler parce que j'ai beaucoup entendu parler de votre piété extraordinaire. Dites-moi, frère Médard, pourquoi vous livrez-vous à vos exercices de dévotion dans les endroits les plus fréquentés et en présence de tout le peuple ? Espéreriez-vous par hasard passer pour un saint et vous faire adorer par des fanatiques ? En ce cas, rentrez en vous-même et examinez bien la pensée secrète qui vous a poussé à une pareille conduite... Si tu ne te sens pas pur devant le Seigneur et devant moi qui suis son lieutenant sur la terre, ta fin sera déplorable, frère Médard. »

Le saint père prononça ces dernières paroles d'une voix forte et éclatante, et des éclairs semblèrent sortir de ses yeux. Pour la première fois depuis long-temps, je sentis que j'étais innocent de ce dont on m'accusait; aussi je conservai non-seulement mon sang-froid, mais, animé par la pensée que ma pénitence avait été précédée d'une véritable contrition, je répondis d'un ton d'inspiration :

« Qui mieux que vous, très-saint lieutenant du Seigneur, est en état de lire dans le fond de mon âme? Aussi devez-vous savoir, sans que je vous le disc, que le poids de mes péchés m'incline jusqu'à terre; et en même temps vous reconnaîtrez que mon repentir est sincère. Loin de moi des pensées d'une vile hypocrisie, ou le désir ambitieux de tromper le peuple par une conduite impie. Souffrez, très-saint père, qu'un moine repentant vous instruise en peu de mots des crimes de sa vie ainsi que des résolutions qu'il a prises dans le repentir et dans la contrition la plus parfaite. »

Je racontai après cela, sans citer aucun nom propre, et aussi laconiquement qu'il me fut possible, l'histoire de ma vie. Je vis que le pape devenait de plus en plus attentif à mes discours. Il se remit dans son fauteuil et appuya sa tête sur sa main. Il tenait les yeux fixés sur la terre; tout à coup, se levant, il joignit les mains, et avançant le pied droit, comme pour s'approcher de moi, il me regarda avec des yeux étincelans. Quand j'eus fini il reprit :

« Votre histoire, frère Médard, est la plus étonnante que j'aie jamais entendue. Serait-il possible que la nature suivît aussi dans la création des âmes la règle qu'elle conserve dans l'organisation des corps ? Les inclinations et les volontés se perpétueraient des pères aux enfans comme la puissance mystérieuse qui, renfermée dans le germe des plantes, donne la couleur verte à leurs feuilles ? Il n'y a pas de doute que l'on ne voie des familles de meurtriers et de brigands. C'est peut-être là le péché originel, malédiction éternelle d'une race impie, qu'aucune victime de propitiation ne peut effacer. »

« Si le fils du pécheur doit nécessairement pécher, dis-je au pape, en vertu d'une organisation héréditaire, il n'y a pas de péché véritable. »

— « C'est une erreur : l'Éternel a créé un géant capable de subjuguer et d'enchaîner cette bête sauvage qui dévaste notre sein. Ce géant s'appelle la conscience, et ses combats avec la bête donnent lieu au libre abitre. Le triomphe du géant est la vertu, celui de la bête est le péché. »

L'entretien avait pris une tournure qui flattait particulièrement les goûts du saint père; il le continua sur le même ton ; il écouta avec le plus grand intérêt mes réponses, et parut prendre un grand plaisir à m'entendre parler. Après que l'audience se fut prolongée pendant un temps assez considérable, le pape me dit :

« Vous êtes éloquent et vous avez

parlé selon mon cœur.... Je prévois déjà que nous nous entendrons parfaitement.... restez ici ; dans quelques jours vous serez peut-être prieur... et il ne serait pas impossible que plus tard je vous prisse pour le directeur de ma conscience... Allez... conduisez-vous d'une manière moins ridicule dans les églises : car enfin, vous avez beau faire, vous ne vous ferez pas canoniser, le calendrier est plein... adieu. »

Les dernières paroles du saint père me causèrent une surprise extême ; et, à force de réfléchir au but qu'il pouvait avoir eu en les prononçant, je me convainquis que, toujours rempli de l'idée que je voulais me faire canoniser, et désirant, par des motifs que je ne pouvais pénétrer, m'en fermer la route, il avait voulu me dédommager en me procurant d'une autre manière du crédit et de l'influence.

En conséquence, sans plus songer qu'au moment où le pape m'avait fait appeler, j'étais sur le point de quitter Rome, je résolus de continuer mes exercices de dévotion; mais j'éprouvais une trop grande agitation intérieure pour pouvoir, comme naguère, tourner mon esprit uniquement aux choses du ciel. Malgré moi je songeais, même au sein de la prière, aux événemens de ma vie passée; le souvenir de mes péchés était affaibli, et mes yeux contemplèrent avec un éclat merveilleux une carrière commencée comme favori d'un prince, poursuivie comme confesseur du pape, et dont le terme ne pouvait point se calculer. La suite de cette préoccupation fut que mes pratiques de dévotion diminuèrent graduellement, non pas parce que le pape me les avait défendues, mais par un mouvement involontaire, et que je passai une grande partie de mon temps à parcourir les rues de Rome.

Un jour, comme je traversais la place d'Espagne, je vis une foule de peuple rassemblée devant un théâtre de marionnettes. Je reconnus le jargon grotesque de Polichinelle, et j'entendis rire le peuple. Le premier acte était fini, et l'on se préparait à entendre le second. Le petit rideau se leva, et je vis paraître sur la scène le petit David avec sa fronde et un sac rempli de pierres. Au milieu des gestes les plus comiques, il annonça que pour cette fois il ne manquerait pas de tuer le brutal géant Goliath, et de délivrer le peuple d'Israël. Un mouvement sourd se fit entendre, et le géant Goliath parut avec une tête énorme. Quelle fut ma surprise en reconnaissant dans cette tête celle du fou Belcampo! Immédiatement sous sa tête, il avait trouvé moyen de placer un petit corps avec de petits bras et de petites jambes, en cachant ses propres épaules et ses bras sous une draperie qui représentait le large manteau de Goliath. Le géant fit un discours très-fier que David n'interrompait que par de petits ricanemens. Le peuple riait outre mesure, et moi-même, étrangement frappé de la réapparition inattendue de Belcampo, je me laissai entraîner et me livrai à une gaieté naïve à laquelle, depuis long-temps, je n'étais plus accoutumé. Hélas! combien de fois mon rire ne fut-il qu'une convulsion causée par la souffrance intérieure et déchirante que j'éprouvais! Le combat de David avec le géant fut précédé d'une longue discussion. David prouva en quatre points que sa victoire était infaillible. Belcampo faisait jouer tous les muscles de son visage comme un feu roulant; il étendait ses petits bras de géant contre le pygmée David, qui trouvait sans cesse moyen d'éviter ses attaques et de reparaître où on l'attendait le moins, souvent même entre les plis du manteau de son ennemi. A la fin la fronde vola vers la tête de Goliath, le géant fut tué et la toile tomba. Je riais de plus en plus, excité par la folle gaieté de Belcampo, quand je sentis quelqu'un me frapper un léger coup sur l'épaule. En me retournant je vis un *abbate* près de moi.

« Je vois avec plaisir, mon père, me dit-il, que vous n'avez pas encore tout-à-fait perdu le goût des choses de la terre. J'avoue qu'après avoir vu vos étonnantes pratiques de dévotion, je ne vous croyais guère capable de vous amuser de pareilles sottises. »

En entendant parler l'abbate je sentis comme si je devais rougir de ma gaieté, et je fis involontairement une réponse dont je me repentis amèrement l'instant d'après.

« Croyez-moi, seigneur abbate, lui dis-je, celui qui a su nager avec courage sur la mer de la vie la plus agitée saura tenir toujours la tête au-dessus des flots. »

L'abbate me regarda avec des yeux étincelans.

« Vraiment, reprit-il, comment avez-vous fait pour inventer une image si juste? Je crois maintenant vous connaitre à fond, et je vous admire avec toute la sincérité de mon âme. »

— « Je ne conçois pas, Seigneur, comment un pauvre moine pénitent peut vous inspirer de l'admiration. »

— « C'est parfait, mon père ; voilà que vous reprenez votre rôle... N'êtes-vous pas le favori du saint père ? »

— « Le très-saint lieutenant du Seigneur a daigné jeter un regard sur moi. Je l'ai adoré dans la poussière ainsi qu'il convient à la dignité que la puissance céleste lui a accordée, surtout quand elle est jointe à une vertu parfaite. »

— « Je vois que vous vous préparez à remplir dignement votre place. Peut-être néanmoins, si vous espérez en tirer un grand profit, trouverez-vous en définitive du mécompte. En attendant, jouez toujours votre rôle; reste à savoir s'il sera long. Adieu, très-révérend père. »

L'abbate se retira promptement avec un éclat de rire dédaigneux. Pour moi je demeurai atterré. J'étais enfin convaincu que la plus grande partie du public ne regardait mes actes de pénitence que comme une conduite hypocrite par laquelle je voulais acquérir de la réputation et du crédit. Je rentrai au couvent profondément blessé, et je me livrai à de ferventes prières dans l'église solitaire. Tout à coup un bandeau me tomba des yeux, et je reconnus une nouvelle tentation de la puissance des ténèbres, ainsi que la prolongation de ma faiblesse et du châtiment céleste. Une prompte fuite pouvait seule me sauver, et je résolus en conséquence de me mettre en route dès le point du jour. La nuit tombait déjà quand la sonnette du couvent se fit entendre d'une manière bruyante. Bientôt après le portier vint me dire qu'un homme étrangement vêtu demandait avec instance à me parler. Je me rendis donc un parloir : c'était Belcampo, qui avec ses manières folles sauta sur moi, me prit par les deux bras et m'attira dans un coin.

« Médard, me dit-il à voix basse et en parlant avec vitesse, tu peux faire maintenant tout ce que tu voudras pour te perdre; je te préviens que la folie te suit sur les ailes du vent de Tramontane, ou de Scirocco, ou Maestro, ou de tel autre vent que tu voudras, pour te tirer de l'abîme tant que le plus petit pan de ta robe se montrera pour lui donner prise. O Médard, reconnais maintenant le pouvoir de l'amitié! Songe à David et à Jonathas, mon cher capucin. »

« Je viens de vous admirer dans le rôle de Goliath, répondis-je; mais dites-moi, de grâce, promptement de quoi il s'agit et ce qui vous amène ici. »

— « Ce qui m'amène? Une extravagante amitié pour un capucin dont j'ai autrefois mis la tête en ordre et qui répandait autour de lui des ducats sanglans; qui avait des relations avec de terribles revenans, et qui, après avoir commis deux ou trois petits meurtres, a voulu épouser en face de l'église la plus belle femme du monde... »

« Arrête, m'écriai-je, arrête, épouvantable insensé. J'ai terriblement expié ce que tu me reproches avec tant de cruauté. »

— « O mon père, la plaie est-elle encore si sensible ? En ce cas, vous n'approchez pas de la guérison. Je vais donc être sage comme un enfant pieux, et, sans plus faire de gambades soit avec le corps, soit avec l'esprit, je vous dirai tout uniment, mon cher capucin, que c'est à cause de votre sublime folie que je vous aime ; et comme je désire que votre folie continue à s'exercer sur la terre aussi long-temps que possible, j'ai résolu de vous tirer de tous les dangers dans lesquels vous vous jetterez par imprudence. Pendant que j'étais renfermé dans mon théâtre de marionnettes, j'ai entendu une conversation qui vous intéressait. Le pape veut vous élever au rang de prieur des capucins pour faire ensuite de vous son confesseur. Fuyez loin de Rome, fuyez promptement, car des poignards vous menacent. Je connais l'assassin qui doit vous envoyer dans un meilleur monde. Vous êtes à charge au dominicain qui dirige maintenant la conscience du saint père et à sa cabale... La soirée de demain ne doit plus vous trouver à Rome. »

Cette nouvelle circonstance s'accordait parfaitement avec ce que l'abbate m'avait donné à entendre, ce qui n'empêcha pas qu'elle ne me saisît au point que je ne remarquai pas que le fou de Belcampo me pressait plusieurs fois sur son cœur, et qu'il prit enfin congé de moi avec ses grimaces et ses cabrioles accoutumées.

CHAPITRE VII.

Il pouvait être un peu plus de minuit quand j'entendis ouvrir la grande porte extérieure du couvent, et une voiture rouler sourdement sur le pavé de la cour. Bientôt après, des pas retentirent dans le corridor qui conduisait à ma cellule; on frappa à ma porte, et je vis entrer le père gardien, suivi d'un homme qui portait une torche et qui était masqué de manière à le rendre tout-à-fait méconnaissable.

« Frère Médard, dit le gardien, un mourant désire recevoir de vous des consolations et les derniers sacremens de l'église. Remplissez les fonctions que le ciel vous a assignées, et suivez cet homme qui vous conduira au lieu où l'on réclame vos services. »

Un frisson parcourut mes membres à ce discours; un pressentiment me disait que l'on était venu me conduire à la mort. Je n'osai pourtant pas me refuser à ce que l'on exigeait de moi, et je suivis le masque, qui ouvrit la portière de la voiture et m'invita à y monter. J'y trouvai deux hommes qui me prirent entre eux. Je demandai où l'on me conduisait et quelle était la personne qui avait mis tant d'importance à recevoir précisément de *moi* des secours qu'elle aurait pu trouver plus facilement dans son voisinage. On ne me fit pas de réponse. Nous parcourûmes plusieurs rues dans un profond silence. Bientôt je crus remarquer au changement dans le bruit des roues que nous étions dans la campagne, mais le roulement du pavé se fit entendre de nouveau après que nous eûmes passé sous une porte. Enfin la voiture s'arrêta ; on me lia les mains et l'on me couvrit la tête d'un grand capuchon.

« Il ne vous sera pas fait de mal, me dit une voix rauque ; seulement il faudra garder un silence scrupuleux sur tout ce que vous verrez ou entendrez, sans quoi votre mort sera prompte et inévitable. »

On me tira de la voiture, j'entendis un bruit de clefs et de serrures, et une porte massive tourna difficilement sur ses gonds. On me conduisit par de longs corridors, à l'extrémité desquels on me fit descendre un escalier très-profond. Le retentissement de nos pas me fit juger que nous parcourions des caveaux voûtés, dont l'odeur cadavéreuse ne me faisait que trop connaître la destination. A la fin on s'arrêta, on me délia les mains et l'on retira le capuchon de dessus mes yeux. Je me trouvais dans un vaste caveau faiblement éclairé par une lampe. A côté de moi se tenait un homme vêtu de noir et masqué, probablement le même qui était venu me chercher, et autour de la pièce des religieux de saint Dominique étaient assis sur des bancs peu élevés. Le terrible songe que j'avais fait jadis en prison me revint à l'esprit. Je regardai ma mort comme certaine ; cependant je demeurai calme et je continuai à prier avec ferveur, non pour la conservation de ma vie, mais pour un saint trépas. Après quelques momens d'un silence sombre et effrayant, un des religieux s'approcha de moi et me dit d'une voix étouffée :

« Nous venons de condamner un frère de votre ordre, Médard, l'arrêt doit s'exécuter. C'est de vous de qui la sainteté fait tant de bruit qu'il désire recevoir des consolations avant de mourir. Allez et remplissez vos fonctions. »

L'homme masqué qui était à mes côtés me prit alors sous le bras et me conduisit plus loin par un étroit corridor dans un petit caveau. J'y trouvai, couché sur de la paille dans un coin, une espèce de squelette pâle et vêtu de lambeaux. Le masque posa la lampe qu'il avait apportée avec lui sur une table de pierre placée au milieu du caveau et s'éloigna. Je m'approchai du prisonnier ; il se tourna péniblement vers moi, et je tressaillis en reconnaissant les traits vénérables du pieux Cyrille. Un sourire céleste brillait sur son visage.

« Les terribles serviteurs de l'enfer qui habitent ces lieux ne m'ont donc pas trompé! me dit-il d'une voix affaiblie. C'est par eux que j'ai appris, mon cher frère Médard, que tu te trouvais à Rome, et leur ayant exprimé un ardent désir de te voir à cause des torts graves que j'avais eus envers toi, ils me promirent de te faire venir au moment de ma mort. Ce moment est arrivé, et ils ont tenu parole. »

Je me mis à genoux devant le vénérable et pieux vieillard, et je le suppliai de me dire avant tout sous quel prétexte on avait pu le mettre en prison et le condamner à mourir.

« Mon cher frère Médard, me répondit-il, ce n'est qu'après avoir confessé avec repentir les torts que par erreur j'ai eus envers toi, et après m'être réconcilié avec Dieu, que je puis me permettre de parler de mes malheurs et de ma prochaine fin. Tu sais que, partageant l'opinion de tout notre couvent, je te regardais comme le plus effroyable pécheur. Nous ne doutions pas que tu ne te fusses rendu coupable des crimes les plus affreux, et nous avions rejeté toute communion avec toi. Et cependant ta faute n'a consisté qu'à te laisser entraîner par le démon loin de notre saint asile et dans la vie tumultueuse du monde. Pour le reste, je sais qu'un infâme hypocrite, prenant ton nom, tes habits et tes traits, a seul commis les crimes qui ont été sur le point de te causer une mort ignominieuse. La puissance éternelle a fait connaître d'une manière miraculeuse que si tu avais agi légèrement en cherchant à rompre tes vœux, tu étais du moins innocent de tout ce que l'on t'imputait de plus affreux. Rentre donc dans notre couvent; le père Léonard et tous nos frères recevront avec amour et avec joie l'enfant prodigue dont ils pleurent la perte. O Médard.... »

A ces mots le vieillard, accablé de faiblesse tomba dans un profond évanouissement. Je résistai à l'impulsion que m'avait faite ses paroles, qui paraissaient m'annoncer un événement nouveau et extraordinaire, pour ne m'occuper que de lui. Je lui frottai lentement et avec douceur, la tête et la poitrine de la main droite, moyen que j'avais vu employer dans mon couvent pour rappeler les sens des personnes tombées en syncope. Il les recouvra en effet, et bientôt après le saint homme se confessa à moi, indigne pécheur! Instrument aveugle du ciel, je retrouvai toute mon ancienne éloquence pour le consoler.

« O mon frère Médard, dit-il quand j'eus fini, combien tes paroles m'ont rafraîchi ! Je me rends avec joie à la mort que des scélérats m'apprêtent. Je succombe victime de la perfidie et du mensonge qui entourent celui de qui la tête est ceinte d'une triple couronne. »

J'entendis des pas qui s'approchaient de plus en plus du cachot ; des clefs furent placées dans la serrure. Le père Cyrille rassemblant ses forces, prit ma main et me cria dans l'oreille :

« Rentre dans notre couvent... Le père Léonard est instruit de tout ; il sait pourquoi je meurs... Supplie-le de garder le silence sur cet événement... D'ailleurs, à mon âge la mort ne pouvait pas tarder long-temps... Adieu, mon frère... prie pour le salut de mon âme... Je serai au milieu de vous quand vous célébrerez dans le couvent l'office des morts pour moi. Promets-moi de te taire sur ce que tu vois ici : car tu causerais ta perte et tu entraînerais notre couvent dans les démêlés les plus fâcheux. »

Je fis la promesse qu'il exigeait de moi ; des hommes masqués étaient, dans l'intervalle, entrés dans le cachot. Ils soulevèrent le vieillard de son lit, et comme il était trop faible pour marcher, ils le traînèrent pour le conduire dans le caveau où j'avais d'abord été introduit. A un signe des hommes masqués j'avais suivi. Les dominicains s'étaient placés en cercle ; le vieillard fut amené au milieu d'eux et on le posa à genoux devant un petit tas de sable. On lui mit un crucifix dans la main. Les fonctions que je remplissais m'obligeaient à rester au milieu du cercle, et je priais à haute voix. Cependant un dominicain me prit par le bras et me tira de côté. En ce moment je vis briller un sabre dans la main d'un des hommes masqués, et l'instant d'après la tête sanglante du père Cyrille vint rouler à mes pieds. Je tombai sans connaissance. Quand je repris mes sens je me trouvai dans une petite chambre ressemblant à une cellule. Un religieux s'approcha de moi et me dit avec un sourire plein d'ironie:

« Vous avez éprouvé une grande frayeur, mon frère; mais vous auriez dû au contraire vous réjouir, puisque vous aviez été assez heureux pour contempler de vos propres yeux un beau martyre. On ne saurait en effet donner un autre nom à la mort bien méritée que reçoit un religieux de votre couvent: car vous êtes tous des saints. »

« Nous ne sommes pas des saints, répondis-je, mais jamais dans notre couvent un innocent n'a été assassiné... Laissez-moi partir maintenant... j'ai rempli mon devoir avec joie.... L'âme du bienheureux sera près de moi si je tombe dans les mains d'infâmes meurtriers. »

— « Je ne doute pas que le bienheureux frère Cyrille ne soit très-disposé à vous soutenir dans de pareils cas; en attendant, vous avez tort d'appeler sa mort un assassinat. Cyrille s'est rendu fort coupable envers le chef de l'église, et c'est lui-même qui a ordonné son trépas... Mais il vous aura fait, sans doute, une ample confession; il est inutile d'après cela que je m'étende sur ce qui le regarde. Prenez plutôt un verre de vin pour vous remettre l'esprit; vous êtes pâle et vous avez l'air troublé. »

En achevant ces mots, le dominicain me présenta une coupe de cristal remplie d'un vin rouge d'une couleur très-foncée et d'un bouquet pénétrant. Je ne sais quel pressentiment me fit tressaillir comme je portais la coupe à ma bouche. Il est certain que je crus sentir le même vin que jadis Euphémie m'avait offert dans une nuit fatale ; aussi, par un mouvement involontaire et presque sans savoir ce que je faisais, j'en versai tout le contenu dans la manche de ma robe, pendant que je tenais la main gauche devant les yeux, comme si la lumière de la lampe m'eût ébloui.

A peine eus-je fini de boire, que le religieux me poussa hors de la cellule en me souhaitant le bonsoir. On me jeta de nouveau dans la voiture, qu'à ma grande surprise je trouvai vide, et qui se remit en route. Les terreurs de la nuit, la tension de mon esprit, et la douleur que me causait le triste sort du père Cyrille me jetaient dans une sorte d'assoupissement, qui fit que je m'abandonnai sans résistance aux hommes qui me tirèrent de la voiture et me posèrent par terre d'une manière assez peu douce. Au point du jour, sortant de mon engourdissement, je me vis couché à la porte du couvent des capucins, et m'étant relevé je tirai la sonnette. Le portier, qui vint m'ouvrir, s'effraya de ma pâleur et de mon air égaré. Il en fit part sans doute au prieur, car aussitôt que les matines furent dites, je le vis entrer dans ma cellule en donnant de vives marques d'inquiétude. Aux questions qu'il me fit, je répondis seulement que la mort de la personne auprès de qui l'on m'avait appelé avait été si affreuse, qu'une profonde émotion m'en était demeurée. Bientôt, cependant, la douleur effroyable que je sentais au bras gauche ne me permit pas d'en dire davantage, et je m'interrompis pour jeter un grand cri. Le médecin du couvent arriva. Il fallut m'arracher la manche de ma robe, qui s'était attachée à ma chair, et l'on trouva le bras tout dépouillé et comme rongé par une matière purulente.

« On a voulu me faire boire du vin... je l'ai jeté dans ma manche, » dis-je d'une voix entrecoupée.

« Ce vin contenait un poison corrosif, » observa le médecin qui se hâta d'employer des remèdes pour calmer au moins mes horribles souffrances.

Grâce à l'habileté de ce docteur et aux soins que le prieur me prodigua, je conservai mon bras, qu'il avait été d'abord question d'amputer; mais la chair se dessécha jusqu'à l'os, et je perdis tout pouvoir de me servir de ce membre.

« Je ne vois que trop clairement, dit un jour le prieur, tout l'ensemble de l'événement qui vous a coûté votre bras. Le pieux frère Cyrille a disparu de notre couvent et de Rome d'une manière mystérieuse, et vous-même, mon cher frère Médard, vous disparaîtrez aussi si vous ne vous hâtez de quitter cette ville. Pendant votre maladie on est venu s'informer de votre état de plusieurs manières qui m'ont paru fort suspectes; et ce n'est, après Dieu, qu'à mon active surveillance et à l'union qui règne entre nos frères que vous devez rendre grâce si les assassins ne vous ont pas poursuivi jusque dans votre cellule. Vous me paraissez être un homme fort étonnant qu'environnent partout des liens funestes; pendant votre court séjour à Rome vous êtes devenu malgré vous beaucoup trop remarquable pour que certaines personnes ne jugent pas de leur intérêt de vous mettre à l'écart. Retournez donc, croyez-moi, dans votre patrie, dans votre couvent..... Que la paix soit avec vous ! »

CHAPITRE VIII.

Je sentais bien toute la vérité de ce que venait de me dire le prieur, et que tant que je resterais à Rome ma vie serait dans un danger imminent; mais la souffrance corporelle que me faisait éprouver mon bras, se joignant au souvenir douloureux des crimes que j'avais commis, souvenir que toutes mes austérités n'avaient pu détruire, je fus amené au point de mépriser une existence pénible et de préférer une mort prompte qui me délivrerait d'un si grand fardeau. Je m'accoutumai de plus en plus à l'idée de périr d'une mort violente, que je finis par regarder comme un martyre glorieux que j'avais mérité par ma sévère pénitence. Je me voyais, en sortant des portes du couvent, poignardé par un homme enveloppé d'un grand manteau. Je me figurais le peuple se rassemblant autour du corps sanglant. C'est Médard! c'est le pieux pénitent Médard que l'on vient d'assassiner! retentissait de tous côtés autour de moi. Des femmes s'agenouillaient et étanchaient mon sang avec des mouchoirs blancs. Tout à coup on apercevait la marque que je portais au côté gauche du cou. Aussitôt on se jetait à genoux : on s'écriait que j'étais un martyr, un saint. Heureux qui pouvait toucher mon corps ou seulement mes habits ! On s'empressait d'apporter un brancard, on me plaçait dessus, on me couvrait de fleurs et l'on me portait en triomphe à Saint-Pierre.

C'était ainsi que mon imagination formait un tableau flatteur, sans que je m'aperçusse que c'était encore un coupable orgueil qui cherchait à me séduire. Quoi qu'il en soit, je résolus, quand je serais entièrement guéri, de rester à Rome quoi qu'il pût arriver, et sûr de périr d'une mort glorieuse ou bien de me voir par la protection du saint père, placé hors de l'atteinte de mes ennemis en m'élevant aux premières dignités de l'église.

La force de ma constitution surmonta enfin l'excès de la douleur et les effets du poison. Le médecin annonça ma prompte guérison, et bientôt il ne me resta plus que la faiblesse, suite inévitable d'une grande maladie. C'était surtout au moment de m'endormir que cette faiblesse se faisait le plus péniblement sentir. Elle me causait un état singulier qui tenait le milieu entre le songe et le délire, et qui offrait à mon esprit une foule d'images que je cherchais vainement à écarter.

Un jour surtout il me semblait que j'étais couché par terre percé d'un coup de poignard, mais non pas comme j'avais coutume de me le figurer au milieu de la place d'Espagne : c'était au contraire dans une allée du jardin de mon couvent de B***; j'y étais seul. Mon sang coulait par une large blessure, mais ce sang était décoloré. Tout à coup je sortais de moi-même : c'était ma vitalité, la partie colorante de mon sang qui s'élevait dans les régions éthérées; je redescendais ensuite vers la terre, et à ma grande surprise je voyais toute la nature flétrie et décolorée; les fleurs penchaient la tête, les hommes erraient comme des spectres. J'étais la couleur rouge qui donne à tous les objets leur vivacité et leur éclat, et dont la terre avait été privée à cause des péchés des hommes. J'entendais les prières, j'entendais les plaintes du genre humain, et il ne m'était pas permis de venir à son secours. Bientôt cependant une douce lumière perçait le triste brouillard, et au milieu de cette lumière se montrait une figure noble et élevée. C'était Jésus-Christ; de chacune de ses blessures découlait une goutte de sang; il descendait sur la terre, et la couleur rouge était rendue à la nature. Les plaintes des hommes se changeaient en hymnes de louanges, car le rouge était la grâce du Seigneur. Le sang de Médard seul restait décoloré. Il priait avec ferveur et demandait pourquoi il devait seul être excepté du bienfait général. Alors une rose s'élevait dans un bosquet, un parfum suave se répandait dans les airs; des paroles de consolation se faisaient entendre. C'était la rose qui les avait prononcées, et cette rose était une femme. Je la regardai, je m'écriai : Aurélie, et je me réveillai. Même après avoir ouvert les yeux, je crus la voir encore, sentir encore dans ma cellule un doux parfum de roses (1).

Je reconnus alors les tentations du démon et ma propre faiblesse. Je descendis sur-le-champ à l'église, et je

(1) Ce songe, une des parties les plus extraordinaires de cet ouvrage, aurait occupé sept à huit pages si nous l'avions traduit textuellement. Il est tellement rempli d'idées métaphysiques, d'alliances de mots bizarres qu'il aurait été tout-à-fait inintelligible en français. Nous avons préféré n'en donner que le sens général, que nous n'avons même bien saisi qu'après une assez longue étude.

(*Note du Traducteur.*)

fis une fervente prière devant l'autel de sainte Rosalie. Je ne me livrai à aucune austérité, à aucune pénitence dans le sens du cloître; mais quand le soleil de midi envoya sur ma tête des rayons presque perpendiculaires, je me trouvais déjà à plusieurs milles de Rome. Ce n'était pas seulement l'exhortation du père Cyrille, mais un désir intérieur et irrésistible qui me rappelait dans mon couvent. Je suivis la même route que j'avais prise en me rendant à Rome. Dans le temps même où je voulais me dérober à mes devoirs, j'étais arrivé précisément au but que le père Léonard m'avait indiqué.

J'évitai la résidence du prince, non parce que je craignais d'être reconnu et livré de nouveau au tribunal criminel, mais parce que je n'aurais pu, sans éprouver les souvenirs les plus déchirans, revoir des lieux où j'avais osé tendre dans mes désirs sacriléges à un bonheur terrestre auquel j'avais renoncé en me consacrant à Dieu, et surtout parce qu'en dépit de mon sincère repentir, des austérités auxquelles je m'étais livré et des fermes résolutions que j'avais prises pour l'avenir, je sentais que je n'aurais pas la force de soutenir une nouvelle lutte que pourrait me susciter la puissance ténébreuse dont je n'avais que trop senti le terrible pouvoir. Revoir Aurélie ! la revoir brillante, peut-être, de grâce et de beauté ! pouvais-je supporter cela sans être encore vaincu par le génie du mal, qui ne cessait de faire bouillonner mon sang à l'aide des flammes de l'enfer ? Toutes les fois que l'image d'Aurélie se présentait à ma pensée, il s'y joignait des sentimens dont je ne pouvais méconnaître le péché, mais que je repoussais avec toute la force de ma volonté. Aussi était-ce dans cette volonté et dans la conviction de ma faiblesse qui me faisait éviter le combat, que je trouvais les seules preuves de la sincérité de mon repentir, puisque j'y voyais la certitude que du moins le génie infernal de l'orgueil avait abandonné mon âme.

J'arrivai dans les montagnes des environs du couvent. Un matin je vis s'élever au-dessus des brouillards dont la vallée était enveloppée, les tourelles d'un château que je ne tardai pas à reconnaître en m'en approchant. C'était celui du baron de F***. Les allées du parc étaientabandonnées, lesronces etl'herbe y croissaient. Des troupeaux paissaient sur la pelouse autrefois si belle. Les carreaux des fenêtres étaient cassés çà et là, le perron était délabré. Pas un être humain ne s'y montrait; partout régnaient la solitude et un morne silence. Cependant, en passant devant un bosquet un peu mieux entretenu que le reste, j'entendis un léger murmure, et j'aperçus un homme à cheveux blancs qui y était assis et qui ne parut pas m'apercevoir, quoique je fusse assez près de lui. M'étant approché davantage encore, je lui entendis prononcer ces mots :

« Morts !... morts !... tous ceux que j'aimais sont morts.... morts pour ce monde ! »

Je reconnus le vieux Reinhold, et je demeurai pétrifié.

« Aurélie serait morte ! m'écriai-je involontairement ; non, vieillard, tu te trompes. La puissance éternelle a protégé du moins celle-là contre le poignard de l'infâme assassin. »

Le vieillard me parut comme frappé de la foudre en m'entendant parler ; il dit à haute voix :

« Qui est ici ?... qui est ici?... Léopold !... Léopold ! »

Un jeune garçon arriva promptement; en m'apercevant il s'inclina profondément et dit :

« *Laudetur Jesus Christus.* »

« *In omnia sæcula sæculorum,* » répondis-je.

A ces mots le vieillard cria plus fort encore :

« Qui est ici ? qui est avec nous? »

Je découvris alors qu'il était aveugle.

« C'est un révérend père, répondit le jeune garçon ; un religieux de l'ordre des capucins. »

En entendant cette réponse le vieux Reinhold fut saisi d'une horreur profonde ; il s'écria :

« Allons-nous-en... allons-nous-en... Garçon, emmène-moi loin d'ici... Rentrons... rentrons... fermons toutes les portes... que Pierre fasse sentinelle... Allons-nous-en, rentrons. »

Le vieillard rassembla toutes ses forces pour fuir devant moi comme devant un monstre déchirant. L'enfant me regarda avec étonnement et effroi ; mais Reinhold, sans attendre qu'il guidât ses pas, l'entraîna avec lui ; ils rentrèrent dans le château, et j'entendis mettre les verrous aux portes.

Je me hâtai de fuir ces lieux témoins de mon plus grand crime, dont le souvenir venait de se représenter à mon esprit avec plus de vivacité que jamais, et je me trouvai bientôt dans la partie la plus épaisse de la forêt. Fatigué, je m'assis sur la mousse au pied d'un arbre, non loin duquel une croix était élevée sur un petit tertre factice. En sortant du sommeil dans lequel la lassitude m'avait plongé, je vis auprès de moi un vieux pâysanqui, lorsque j'eus ouvert les yeux, ôta respectucusement son bonnet et me dit d'un ton naïf et bon :

« Il faut que vous veniez de bien loin, mon père, et que vous soyez bien fatigué, sans quoi vous ne vous seriez pas endormi dans un lieu si terrible. Peut-être ignorez-vous l'histoire qui se rattache à ce lieu? »

Je lui dis que j'étais un pèlerin étranger arrivant d'Italie, et que je n'avais aucune connaissance de ce dont il voulait parler.

« Cependant cette aventure intéresse

particulièrement les religieux de votre ordre ; et je vous avouerai qu'en vous voyant dormir ici, je me suis assis à vos côtés pour éloigner de vous tout danger. Il y a plusieurs années qu'un capucin a, dit-on, été assassiné en ce lieu. Du moins il est certain que vers cette époque un capucin a passé par notre village, qu'il s'y est reposé une nuit et a continué le lendemain sa route vers les montagnes. Le même jour, mon voisin traversa la profonde vallée située au bas de l'Abîme du Diable, et tout à coup il entendit de loin un cri perçant qui retentit d'une manière fort étrange dans l'air. Il prétendit même, ce que je ne saurais croire, avoir vu tomber un homme du haut du rocher dans le précipice. Quoi qu'il en soit, bien des personnes dans le village s'imaginèrent, sans trop savoir pourquoi, que le capucin pouvait bien y être tombé, de sorte que plusieurs d'entre nous visitèrent les lieux avec toutes les précautions possibles, afin de retrouver au moins le corps de l'infortuné ; mais nous ne découvrîmes rien, et mon pauvre voisin devint la fable du village, ce qui n'empêcha pas qu'un jour il nous assura qu'en rentrant chez lui la veille au soir, au clair de la lune, il avait vu un homme tout nu sortir de l'Abîme du Diable. Ce n'était là qu'un effet de son imagination. Cependant nous apprîmes quelque temps après que le malheureux capucin avait réellement été assassiné par un homme puissant et jeté dans le précipice. C'est précisément en cet endroit que le meurtre a dû être commis. J'en suis bien certain : car un jour, mon père, j'étais assis de ce côté et je fixais mes yeux vaguement sur cet arbre creux, quand tout à coup je crus voir une étoffe brune qui sortait par la fente ; j'y courus et je tirai de l'arbre une robe de capucin toute neuve. Il y avait un peu de sang à l'une des manches, et le nom de

Médard cousu dans l'un des pans. Pauvre comme j'étais, je crus faire une bonne œuvre en vendant cette robe pour en employer le produit à faire dire des messes pour l'âme de ce pauvre père qui était mort sans avoir pu s'y préparer. Je portai donc la robe à la ville; mais je ne rencontrai pas de fripier qui voulût l'acheter, et il ne s'y trouvait pas de couvent de capucins. A la fin arriva un homme, qu'à ses habits je jugeai être un chasseur ou un inspecteur des forêts; il dit qu'il avait précisément besoin d'une robe de capucin, et il me paya généreusement celle que j'avais trouvée. Je fis donc dire plusieurs messes par notre curé, et comme je ne pouvais pas descendre dans le précipice pour y placer une croix, j'en élevai une ici, en mémoire de l'assassinat du vénérable père capucin. En attendant, il faut que ce père ait eu bien des péchés sur sa conscience : car, en dépit des messes de M. le curé, on assure que son âme revient encore de temps en temps dans le voisinage. Ainsi, mon père, promettez-moi que, quand vous serez revenu chez vous de votre pèlerinage, vous ferez des prières pour l'âme de votre confrère Médard. »

« Vous êtes dans l'erreur, mon ami, lui-dis-je : le capucin Médard qui a passé il y a plusieurs années par votre village pour se rendre en Italie n'a point été assassiné. Il n'a pas encore besoin de messes pour le salut de son âme : il vit et peut y travailler lui-même. C'est moi qui suis ce Médard. »

En disant ces mots j'entr'ouvris ma robe et je lui fis voir le pan sur lequel était marqué le nom de Médard. A peine eut-il vu ce nom qu'il pâlit et recula saisi d'effroi. Il se leva ensuite et s'enfuit précipitamment dans le bois en jetant de grands cris. Il était clair qu'il m'avait pris pour l'esprit de Médard assassiné, et j'aurais vainement essayé de le détromper. La solitude du lieu et le silence qui n'était interrompu que par le murmure d'un torrent peu éloigné étaient bien faits pour exciter dans l'esprit des idées effrayantes. Je songeai de mon côté à mon double, et sentant la contagion de la frayeur du bon paysan, il me sembla, en pénétrant dans l'épaisseur du bois, que j'allais à chaque instant le voir paraître devant mes yeux.

Quand j'eus repris courage et que cette triste idée eut commencé à s'effacer de mon esprit, je le reportai sur le récit que je venais d'entendre et qui servit à m'expliquer bien des choses jusqu'alors obscures. Je compris d'où le moine insensé avait eu la robe de capucin qu'il m'avait laissée pendant notre fuite et que j'avais reconnue pour la mienne à ne pouvoir m'y tromper. La manière dont le funeste événement avait été défiguré dans le village me fit voir comment tout s'était réuni pour me confondre avec le comte Victorin. Je regardai la vision du peureux voisin comme une circonstance très-importante, et je ne doutai pas que je ne reçusse bientôt des éclaircissemens plus intéressans encore.

Enfin, après avoir erré sans presque prendre de repos pendant plusieurs semaines, je m'approchai de mon couvent avec une violente palpitation de cœur; je vis s'élever devant moi les clochers de celui des bernardines. J'entrai dans le village; j'arrivai sur la place qui se trouve devant l'église du couvent. Un hymne chanté par des voix d'hommes parvint de loin jusqu'à mon oreille. J'aperçus une croix; des religieux marchant deux à deux la suivaient en procession. Hélas! je reconnus mes frères; il avaient à leur tête le vénérable père Léonard, soutenu par un jeune frère dont les traits m'étaient étrangers. Ils passèrent devant moi sans me remarquer, et entrèrent en chantant dans la porte du couvent qui était ouverte. Bientôt après je vis passer de la même manière les dominicains et les cordeliers de B***. Des religieuses de la même ville arrivèrent ensuite dans des voitures bien fermées. Tout semblait annoncer qu'une fête extraordinaire allait se célébrer. Les portes de l'église étaient ouvertes de toute leur grandeur; j'y entrai et je remarquai des personnes occupées à tout nettoyer et mettre en ordre. On parait de fleurs le maître-autel, ainsi que ceux des chapelles latérales, et un homme de service parlait beaucoup de roses fraîchement écloses qu'il fallait absolument, malgré la saison avancée, se procurer pour le lendemain matin, parce que madame l'abbesse avait spécialement ordonné que le maître-autel fût décoré avec des roses.

Résolu de me présenter sur-le-champ à mes frères, je me rendis au couvent après m'être encouragé par une fervente prière, et je demandai le prieur Léonard. Le portier me conduisit dans un salon où je vis le prieur assis dans un fauteuil, entouré de ses religieux. Contrit, baigné de pleurs et hors d'état de prononcer une parole, je me jetai à ses pieds.

« Médard! s'écria-t-il; et un murmure sourd circula parmi les frères; Médard est donc enfin revenu! »

On me releva; les frères me pressèrent dans leurs bras.

« Le ciel soit loué de t'avoir délivré des embûches du monde!.... mais raconte.... raconte, mon frère. »

Ces mots étaient répétés par une foule

de voix à la fois ; mais le prieur se leva, et à un signe qu'il me fit je le suivis dans la chambre qu'il avait coutume d'occuper quand il venait au couvent.

CHAPITRE IX.

QUAND je me trouvai seul avec le prieur et que j'eus fermé la porte de la chambre, il me parla en ces termes :

« Médard, tu as rompu tes vœux d'une manière sacrilége. En t'évadant au lieu de remplir la mission dont tu étais chargé, tu as indignement trompé le couvent. Je pourrais te faire mettre au cachot si je voulais suivre à la rigueur les règles de notre ordre. »

« Agissez avec moi, mon père, répondis-je, ainsi que la règle l'ordonne. Ce serait avec plaisir que je déposerais le fardeau d'une vie malheureuse; je sens, hélas! que la pénitence austère à laquelle je me suis livré n'a pas suffi pour me procurer du repos sur la terre. »

« Prends courage, reprit Léonard, c'est le prieur que tu viens d'entendre; maintenant l'ami, le père peut à son tour t'adresser la parole. Tu as été sauvé d'une manière miraculeuse de la mort qui te menaçait à Rome... Cyrille seul a été victime... »

— « Vous savez donc... »

— « Tout. Je sais que c'est toi qui as

soutenu l'infortuné dans ses derniers momens et que l'on a voulu t'empoisonner dans un verre de vin. Si tu en avais bu une seule goutte tu aurais cessé d'exister en moins de dix minutes. »

Je racontai au prieur la manière dont je m'y étais pris pour verser le vin dans ma manche, et je lui fis voir mon bras décharné. Léonard recula d'horreur à ce spectacle.

« Tu as souffert avec justice, car tu as été bien coupable; mais le vertueux Cyrille... »

Je dis au prieur que les véritables causes de sa mort tragique m'étaient demeurées inconnues. Il observa que j'aurais peut-être subi le même sort si je m'étais présenté comme fondé de pouvoirs du couvent. Voici en outre les détails qu'il me donna sur ce sujet :

Notre couvent avait des prétentions ur certaines propriétés dont les revenus taient touchés par un cardinal que le ricurme nomma. En voyant arriver le ère Cyrille avec des papiers en parfaite ègle, ce cardinal s'était tout à coup éconcilié avec le dominicain qui diri-eait la conscience du saint père, dont avait été long-temps l'ennemi, et ils e réunirent tous deux pour perdre notre ieux confrère. Le pape était un pontife onnête, mais faible; le père Cyrille au ontraire était d'une fermeté et d'une incérité extrême. Les ennemis de celui-i commencèrent par le présenter eux-mêmes au pape à qui il plut. Le pontife rêtait volontiers l'oreille à ses exhorta-ions et ne pouvait s'empêcher d'avouer que la vertu de notre confrère était plus clatante que la sienne. Ce fut le moment que l'on saisit pour le ruiner. On fit ccroire au saint père que Cyrille était la tête d'une conspiration dont le but était de détrôner le chef de l'église après l'avoir engagé dans des actes de pénitence publique qui le déconsidéreraient aux yeux du peuple. Ces discours firent de l'effet sur le pape; mais comme il balançait à faire arrêter Cyrille, il se trouva un jour que l'eau à la glace dont le saint père se servait fut empoisonnée, peu d'instans après une audience particulière qu'il avait donnée au vieillard. Celui-ci fut aussitôt conduit dans les cachots du couvent des dominicains. Le saint père voulait lui faire faire son procès; mais ce n'était pas là le compte de ses ennemis. Ils le firent mourir dans l'intérieur du couvent, et le confesseur du pape lui rapporta qu'il était mort en prison. Le prieur ajouta que mon apparition avait jeté les intrigans dans un nouvel embarras, parce qu'ils s'aperçurent bientôt que j'allais leur devenir plus dangereux encore que le malheureux Cyrille.

« Tu vois, continua le père Léonard, que je sais tout ce que tu as fait, tout ce que tu as dit à Rome. Quand je t'aurai appris que j'ai dans la maison même de sa sainteté une personne qui me fait savoir tout ce qui s'y passe, tu ne seras plus étonné de me voir si bien instruit. Je connais même le sujet de tes entretiens les plus secrets avec le pontife. Apprends-moi donc pourquoi tu t'es accusé de crimes que tu n'as jamais commis. As-tu jamais été dans le château du baron de F*** ? »

« Hélas! mon père, m'écriai-je déchiré par la douleur la plus vive, ce lieu a été le théâtre du plus grand de mes crimes. Mais la peine la plus terrible à laquelle je suis condamné sur la terre, est de voir qu'on ne croit pas à mon repentir alors même que je m'accuse. Et vous aussi, mon père, vous me croyez un hypocrite? »

— « A dire vrai, maintenant que je te vois et que je te parle, je suis presque convaincu que depuis ta pénitence tu n'es plus capable de mentir; mais tes aventures sont encore pour moi enveloppées d'un impénétrable mystère. Peu de temps après ta fuite de la résidence, où le ciel ne permit pas le crime que tu voulais commettre, et après que le moine que Cyrille lui-même avait pris pour toi se fut sauvé d'une manière presque miraculeuse, on acquit la certitude que ce n'était pas toi, mais le comte Victorin qui avait été au château du baron de F***. Des lettres de la baronne, que l'on trouva dans ses papiers, en avaient offert déjà précédemment les preuves; mais on se persuada que la baronne elle-même avait été trompée, à cause de l'imperturbable fermeté avec laquelle le vieux Reinhold soutenait qu'il était sûr de son fait. Mais voilà tout à coup que l'écuyer du comte se présenta et raconta que son maître avait passé plusieurs mois dans la forêt, où il avait laissé croître sa barbe, afin de mieux jouer son rôle; et que c'était sur le bord de l'Abîme du Diable qu'il s'était d'abord présenté à lui comme capucin. Quoiqu'il ne sût pas d'où son maître s'était procuré cet habit, il ne fut pas étonné de le lui voir, parce qu'il était instruit d'une partie de ses projets, et notamment de l'intention où il était de se montrer sous ce costume dans le château du baron. Du reste, quelques soupçons s'étaient élevés dans son esprit: car il savait qu'un capucin s'était arrêté la veille dans un village des environs, et son maître lui avait même dit que pourvu que ce religieux passât par le bois, il espérait bien qu'il aurait son habit d'une manière ou d'une autre. En effet, l'écuyer dit avoir entendu, quelque temps avant de retrouver le comte, un grand cri, et les jours suivans on parla beaucoup dans le village d'un capucin assassiné. Or, ce domestique connaissait trop bien son maître, qu'il revit même après sa fuite du château, pour qu'il pût s'être trompé. La seule chose qui demeurât inexplicable après le récit de l'écuyer, était la disparition totale du comte Victorin. A la vérité, la princesse soutint que le prétendu M. de Krczynski de Kwieczic zewo n'était autre que le comte Victorin lui-même; et elle fondait sa supposition sur sa ressemblance extrême avec Francesco et sur la vive émotion qu'elle avait éprouvée toutes les fois qu'elle s'était trouvée avec lui. Plusieurs courtisans confirmèrent son idée en indiquant les observations qu'eux-mêmes avaient faites. De cette manière on expliquait aussi l'arrivée du capucin Médard chez l'inspecteur des chasses après avoir perdu l'esprit par suite de la commotion de sa chute jointe à la faim et à la soif qu'il dut éprouver. On se demandait seulement dans ce cas comment il vait pu courir si loin sans être vu et rrêté, et comment dans les momens où a raison paraissait revenue, au rapport nême des médecins, il avait pu avouer es crimes qu'il n'avait jamais commis. D'autres répondaient à cela que pour-suivant toujours son pèlerinage projeté, l était possible que sa folie ne se fût déclarée que dans les environs de l'habi-tation de l'inspecteur, et que quant à sa persévérance dans l'aveu de crimes ima-ginaires, il fallait seulement en conclure qu'il n'avait jamais eu de momens véri-tablement lucides, et que ces crimes formaient précisément l'idée fixe qui constituait en grande partie sa démence. Le juge criminel, sur la sagacité de qui l'on comptait, ayant été consulté, répon-dit que, selon lui, le prétendu M. de Krezynski n'était ni un Polonais ni un comte, et que bien certainement il n'é-tait point le comte Victorin; que du reste il n'était pas non plus innocent. Le moine demeura fou ; et comme on ne pouvait tirer de lui aucun renseignement positif, le tribunal conclut à ce qu'il demeurât renfermé à l'hôpital des aliénés. Mais le prince, rempli d'horreur pour les événemens qui s'étaient passés au château du baron, changea de son propre mouvement cette décision en un arrêt de mort. Cependant, comme il arrive d'ordinaire dans le monde et surtout à la cour, cette aventure, toute terrible qu'elle était, s'oublia peu à peu et dégénéra en un ridicule commérage. On rappela l'histoire de l'Italienne, et l'on ne trouva pas étonnant que le comte Victorin et Médard se ressemblassent, puisqu'ils étaient fils du même père. Le médecin de la cour dit au prince qu'il fallait se féliciter d'être quitte des deux mauvais sujets à la fois et s'en tenir aux poursuites déjà faites. Le prince reconnut qu'il avait raison, et observa que quel que fût le mystère qui recouvrît cette affaire, il valait mieux ne pas chercher à soulever le voile qu'une destinée bienfaisante y avait jetée. Aurélie seule... »

« Aurélie! interrompis-je vivement le prieur; au nom du ciel, mon père, dites-moi, qu'est devenue Aurélie? »

« Ah! frère Médard, dit le prieur en souriant avec douceur, ce feu dangereux n'est donc pas encore éteint dans ton cœur? Tu n'es donc pas encore délivré des désirs coupables auxquels tu t'étais abandonné?... Et tu veux après cela que je croie à la sincérité de ton repentir et que je me persuade que l'esprit de mensonge t'a tout-à-fait quitté? Sache, Médard, que je n'ajouterai foi à ta sincérité que dans le cas où tu aurais réellement commis les crimes dont tu t'accuses: car alors seulement je croirais que ces crimes ont tellement bouleversé tes sentimens, qu'oubliant mes leçons et tout ce que je t'ai dit sur le repentir intérieur et extérieur, tu as cherché comme les naufragés les planches les plus fragiles pour te soutenir, et que tu t'es attaché, pour te réconcilier avec le ciel, à des moyens qui ont dû te faire passer pour un imposteur aux yeux de tous les hommes de bien. Dis-moi, Médard, tes actes de piété, tes méditations étaient-elles tout-à-fait pures quand l'image d'Aurélie s'y présentait? »

Anéanti je baissai les yeux. Le prieur continua:

« Ton silence me répond assez, Médard. J'ai toujours été convaincu que c'était toi qui, dans la résidence, avais joué le rôle d'un seigneur polonais et avais voulu épouser la baronne Aurélie. J'avais suivi assez exactement la route que tu avais prise. Un homme fort singulier, qui s'intitulait l'artiste en cheveux

Belcampo, et que tu as vû en dernier lieu à Rome, me donnait de tes nouvelles. J'étais persuadé aussi que c'était toi qui avais assassiné Hermogène et Aurélie, et cette circonstance me rendait d'autant plus horrible ton projet d'entraîner Aurélie dans des liens infernaux. J'aurais pu te perdre; mais loin de vouloir prendre sur moi les fonctions de vengeur, j'abandonnai ta personne et ton sort, à la puissance éternelle du ciel. Il me reste à t'apprendre des circonstances singulières qui vinrent de nouveau ébranler ma conviction. Il n'y a pas longtemps que le frère Sébastien, notre portier, fut réveillé par des plaintes et des gémissemens qui ressemblaient à ceux d'une personne mourante. Le jour venait de paraître. S'étant levé, il vit étendu devant la porte du couvent un homme transi de froid et qui lui dit qu'il était Médard, le religieux qui s'était évadé de notre couvent. Sébastien vint tout effrayé me dire ce qui lui était arrivé. Je descendis avec quelques-uns des frères, et nous portâmes ensemble l'étranger dans le réfectoire. Malgré le changement effroyable de ses traits, nous crûmes néanmoins y reconnaître les tiens, et nous n'attribuâmes ce qu'ils conservaient de singulier qu'à l'étrange costume que portait le malheureux. Il avait, à la vérité, la barbe et la tonsure, mais pour le reste ses habits étaient séculiers : quoique souillés et déchirés, on voyait qu'ils avaient été fort élégans. Il avait des bas de soie, une boucle d'or à l'un de ses souliers, une veste de satin blanc... »

« Et un habit marron du drap le plus beau, ajoutai-je ; du linge d'une finesse extrême et un simple anneau d'or au doigt. »

« Il est vrai, reprit le père Léonard ; mais d'où peux-tu savoir... ? »

«Hélas! c'était précisément le cos-
ıme que je portais le funeste jour de
ıon mariage projeté. »

Ce récit du prieur me rappela mon
ouble effrayant qui m'avait suivi, qui
était placé sur mes épaules et qui,
ıns doute, quand je tombai épuisé de
ıtigue et que je perdis connaissance,
ıe dépouilla de mes habits et me donna
la place la robe qu'il portait. Jusqu'à
e moment je n'avais pas été certain que
ette partie de mon aventure n'eût pas
té l'effet d'une terrible illusion. Je
riai le père Léonard de continuer, car
e commençais à pressentir la vérité de
out ce qui m'était arrivé d'étrange et
e mystérieux.

« L'étranger, poursuivit le prieur,
e tarda pas à offrir des marques évi-
entes de démence, et malgré la res-
emblance de ses traits avec les tiens,

nous fûmes bientôt convaincus qu'il n'était pas toi, et que l'idée de prendre ton nom et de vouloir absolument faire pénitence chez nous était un effet de sa maladie. Nous lui mîmes une robe de capucin et nous le conduisîmes à l'église, mais lorsqu'il voulut faire les exercices habituels de dévotion, nous découvrîmes avec certitude qu'il n'avait jamais habité de couvent; je me demandai si ce n'était pas le moine qui s'était évadé de la résidence, en un mot le comte Victorin ? Je n'ignorais pas le récit que l'insensé avait fait à l'inspecteur des chasses; mais, quoique ce récit contînt une foule de circonstances qui paraissaient se rapporter à toi, je ne doutai pas qu'elles ne dussent leur origine au trouble de sa raison. Sous ce rapport, il était digne de remarque que dans ses plus mauvais momens le moine avait toujours crié qu'il était comte et grand seigneur. Je résolus de faire placer cet inconnu dans l'hôpital des aliénés à ***, parce que je me flattais que sa maladie ne résisterait pas au talent du directeur de cet établissement, tandis que sa guérison devait éclaircir, au moins en partie, les jeux mystérieux des puissances ténébreuses; mais je n'eus pas le temps de suivre mon projet. Dans le cours de la troisième nuit, je fus réveillé par la cloche que l'on sonne, comme tu le sais, quand ma présence est nécessaire à l'infirmerie. J'y allai: on me dit que l'étranger m'avait demandé à plusieurs reprises, que sa raison paraissait revenue, et qu'il voulait apparemment se confesser; que du reste il était si faible que l'on ne croyait pas qu'il pût passer la nuit. Pardonnez, dit-il en me voyant, pardonnez, mon père, si j'ai osé vouloir vous tromper. Je ne suis pas le moine Médard qui s'est sauvé de votre couvent: c'est le comte Victorin que vous voyez devant vous.... J'aurais dû dire le prince, car je suis issu d'une maison souveraine, et je vous engage à ne point l'oublier, de peur que mon courroux ne tombe sur vous. Je lui répondis que dans nos murs, et surtout dans l'état où il se trouvait, le rang n'était d'aucune importance. Il me regarda fixement à ces mots, la connaissance parut l'abandonner; mais ayant pris quelques gouttes spiritueuses, il se remit et continua : Je me sèns comme si j'étais sur le point de mourir, et je désire auparavant soulager ma conscience. Vous avez un grand pouvoir sur m i : c r avec quelque soin que vous vous déguisiez, je sais que vous êtes saint Antoine et que vous n'ignorez pas tout le mal que vos élixirs ont fait. J'avais de grands projets dans la tête alors que je pris la résolution de jouer le rôle de religieux, de laisser croitre ma barbe et d'endosser une robe brune. Comme je prenais conseil avec moi-même, il me sembla que mes pensées les plus secrètes sortaient de mon esprit, et se couvraient de la forme d'un corps très-effrayant, et qui pourtant était moi. Cet autre moi avait un pouvoir terrible ; il me jeta au fond du précipice ; mais, pendant que je tombais, la princesse sortit, blanche comme la neige, du milieu de l'écume du torrent. La princesse me reçut dans ses bras, elle lava mes plaies, si bien que, dans fort peu de temps, je ne sentis plus aucune douleur. J'étais à la vérité devenu moine ; mais le moi de mes pensées était plus fort et me poussa à tuer la princesse qui m'avait sauvé, et que j'aimais beaucoup, ainsi que son frère. On me mit en prison ; mais vous savez vous-même, saint Antoine, comment vous m'enlevâtes dans les airs après que j'eus bu de votre infernal breuvage. Le roi vert des forêts me reçut mal, quoiqu'il connût fort bien mon illustre rang. Le moi de mes pensées apparut chez lui, il me joua toutes sortes de mauvais tours et voulut absolument que tout fût désormais commun entre nous. Nous nous sauvâmes ensemble parce que l'on voulait nous couper la tête; mais après cela il fallut nous séparer. Je le jetai par terre, je le rossai et je lui pris ses habits.

» Jusque-là, poursuivit le prieur, les discours de l'infortuné avaient encore une ombre de sens, mais bientôt il se perdit dans les incohérentes obscurités de la démence la plus complète. Une heure plus tard, comme nous finissions l'office de tierce, il poussa un cri horrible et retomba en arrière sans aucun apparence de vie. Je le fis porter dans la salle des morts, et donnai les ordres pour qu'on l'enterrât dans notre jardin et en terre consacrée; mais je te laisse juger de notre étonnement et de notre effroi, lorsqu'en voulant enevelir le corps, nous ne le retrouvâmes plus. Toutes nos recherches furent inutiles, et je me vis forcé de renoncer à tout espoir de recevoir des éclaircissemens sur les événemens mystérieux qui avaient lié ton sort à celui du comte. En attendant, les discours du défunt, quoique entrecoupés et sans suite, ne me permettaient guère de douter qu'il ne fût réellement le comte Victorin, et que le récit de l'écuyer ne fût exact quant à la manière dont il s'était procuré la robe de capucin. Tout le reste s'expliquait par sa démence. La seule lacune que je ne pouvais remplir se rapportait au temps qui s'était passé depuis sa fuite du château jusqu'à son arrivée chez l'inspecteur des chasses, et cela me reste encore incompréhensible. D'après le rapport de l'inspecteur, le malheureux s'est montré dans la forêt à peu près au même moment que Reinhold fixe pour son arrivée dans le château du baron.... »

« Arrêtez, mon père, interrompis-je ici le prieur, je veux perdre tout espoir de jamais obtenir grâce auprès du Seigneur en dépit de mes nombreux péchés; je veux mourir dans les horreurs du désespoir et renoncer au salut de mon âme, si, plein de repentir et de componction, je ne vous déclare pas fidèlement tout ce qui m'est arrivé depuis que j'ai quitté le couvent, ainsi que je l'ai déjà fait au saint tribunal de la pénitence. »

Le prieur montra le plus grand étonnement quand je lui eus fait part de tous les événemens de ma vie, avec les détails les plus circonstanciés.

« Il faut que je te croie, frère Médard, me dit-il quand j'eus finis : car j'ai vu en toi toutes les marques d'un repentir sincère. Qui pourrait développer le mystère formé par l'alliance spirituelle de deux frères, fils d'un père coupable, et coupables eux-mêmes? Il est certain que Victorin a été miraculeusement sauvé dans sa chute, que c'est lui qui partout s'est montré comme ton double et qui est mort dans ce moment. Il n'a point été ton compagnon, mais un être subordonné qui a été jeté sur ta route par la puissance ténébreuse, afin de t'empêcher d'apercevoir le but éclatant qui pouvait se présenter à toi. Hélas! frère Médard, le démon erre encore sur la terre; il ne repose point, et ne cesse d'offrir aux hommes ses élixirs. Quel est celui qui n'a pas dans quelque circonstance de sa vie pris du goût à ces breuvages? Mais la volonté du ciel est que l'homme sache combien il est dangereux de se livrer à un moment d'imprudence, et qu'il tire de cette connaissance même la force de combattre ses goûts. Maintenant, Médard, va retrouver nos frères. »

En ce moment les désirs de l'amour le plus vif s'emparèrent de moi et remplirent mes veines et mes nerfs de la douleur la plus poignante.

« Aurélie! hélas! Aurélie! » m'écriai-je à haute voix.

Le prieur se leva et me dit d'un ton très-sérieux :

« Tu as remarqué sans doute dans le couvent les préparatifs d'une grande solennité.... ? C'est demain qu'Aurélie prend le voile et reçoit en religion le nom de Rosalie! »

Je demeurai immobile et muet devant le père Léonard.

« Retourne auprès des frères, » continua-t-il d'une voix presque courroucée ; et moi, sans savoir précisément ce que je faisais, je me rendis au réfectoire où les frères étaient réunis. On recommença à me questionner ; mais j'étais hors d'état de répondre. Le passé était effacé de ma mémoire. Aurélie seule s'y montrait sous une forme éclatante de lumière. Sous le prétexte de me livrer à un exercice de piété, je quittai les frères, et me rendis à la chapelle située à l'extrémité du vaste jardin. Je voulus prier, mais le plus léger bruit, le murmure du vent dans le feuillage me causait des distractions. Tout à coup j'entendis marcher. C'est elle !.... Elle-même !.... Je vais la revoir ! Je sors de la chapelle et j'aperçois en effet deux religieuses se promenant avec une novice entre elles deux. Je me sens saisi d'un tremblement convulsif... ma respiration s'arrête... je veux m'avancer ;

mais incapable de faire un mouvement, je tombe sur le terrain. Les religieuses et leur compagne disparaissent dans les bosquets.

Quelle journée! quelle nuit! Toujours Aurélie! Aurélie était la seule pensée qui se présentât à mon esprit la seule image qui s'offrît à mes yeux!

CHAPITRE X.

Aux premiers rayons de l'aurore, les cloches du couvent annoncèrent la solennité de la prise d'habit d'Aurélie, et bientôt après, les frères se rassemblèrent dans une grande salle. L'abbesse s'y présenta accompagnée de deux sœurs. Il me serait impossible de décrire le sentiment dont je fus pénétré en revoyant celle qui avait si tendrement aimé son père, et qui, malgré ses crimes, avait reporté sa tendresse sur son fils. Elle avait voulu élever ce fils pour la vertu, pour la piété; mais, de même que son père, il entassa crime sur crime et anéantit ainsi jusqu'aux dernières espérances d'une bienfaitrice qui s'était flattée que le fils rachèterait les fautes de l'auteur de ses jours. La tête baissée, les regards attachés à la terre j'écoutais la courte harangue par laquelle l'abbesse annonça encore une fois au clergé rassemblé l'entrée d'Aurélie au couvent, l'engageant à prier avec ferveur au moment décisif du vœu, afin d'ôter à l'ennemi du genre humain tout pouvoir de troubler le repos de la pieuse vierge.

« Elle a eu bien des épreuves à soutenir, dit-elle; l'ennemi à voulu l'entraîner au mal, et il a mis en usage toutes les ruses que l'enfer lui a fournies afin qu'elle péchât sans le savoir, et qu'en se réveillant du sommeil de la sécurité, elle pérît au sein de la honte et du désespoir. Mais la puissance éternelle protégea la céleste enfant, et si l'ennemi ose encore aujourd'hui s'approcher d'elle, sa victoire n'en sera que plus glorieuse. Priez donc, mes frères, priez, non pas pour que l'épouse de Jésus-Christ ne chancèle point, car sa fermeté est à toute épreuve; mais pour qu'aucun malheur terrestre ne vienne troubler l'acte pieux qui va s'accomplir. Une inquiétude s'est emparée de mon esprit que je m'efforce vainement de surmonter. »

Il était évident que c'était moi, moi seul que l'abbesse appelait le démon de la tentation; et que, combinant mon arrivée avec l'époque de la prise d'habit d'Aurélie, elle craignait que je ne me livrasse à quelque nouveau crime. Le sentiment de la sincérité de mon repentir et la conviction du changement qui s'était fait en moi me donnèrent du courage. L'abbesse ne daigna pas même m'accorder un regard. Profondément blessé, j'éprouvai ce même sentiment de haine que m'avait autrefois inspiré la princesse, et au lieu de me jeter dans la poussière devant la sainte femme, ainsi que j'aurais dû le faire, je formai le projet de me présenter fièrement à ses yeux et de lui dire : As-tu donc été toujours toi-même un être si céleste que les désirs de la terre n'aient jamais agité ton âme? La pensée du péché n'est-elle jamais entrée dans ton esprit à la vue de mon père? Depuis même que tu portes la mître et la crosse, le souvenir de mon père n'a-t-il jamais réveillé de regrets dans ton cœur? Qu'as-tu donc ressenti, femme orgueilleuse, alors qu'en pressant sur ton sein le fils de ton amant, tu prononças le nom de cet amant avec l'expression d'une si profonde douleur? As-tu jamais combattu comme moi avec les puissances des ténèbres, et oses-tu te glorifier d'une victoire qu'aucun combat n'a précédé?

Il faut que les mouvemens qui se passaient en moi se montrassent même au dehors, car un des frères qui était placé auprès de moi me dit :

« Qu'as-tu donc, Médard? pourquoi jettes-tu des regards si courroucés sur cette sainte femme? »

« Il se peut qu'elle soit sainte, répondis-je à demi-voix ; mais aujourd'hui elle ressemble moins à une religieuse chrétienne qu'à une prêtresse du paganisme prête à enfoncer le couteau dans le sein d'une victime. »

Je ne sais pas moi-même pourquoi je

prononçai cette dernière phrase, qui était tout-à-fait hors du cours naturel de mes réflexions ; mais il s'y joignit tout à coup une suite d'idées confuses, qui ne semblaient devoir se réunir que dans l'horreur, la volupté, le sacrilége, le meurtre. Toutes ces pensées affreuses se réunirent à la fois dans mon esprit, et je ne sentais pas qu'au moment où j'avais interprété contre moi les paroles de l'abbesse, j'avais été livré à l'épreuve la plus terrible à laquelle le pouvoir du démon m'eût soumis. Le religieux à qui j'avais parlé me regarda d'un air effrayé et reprit :

« Au nom de Jésus et de la sainte Vierge, mon frère, que dis-tu là ? »

Je tenais les yeux fixé sur l'abbesse qui se préparait à quitter la salle. Son regard tomba sur moi : elle pâlit, et les religieuses furent obligées de se rendre auprès d'elle pour la soutenir. Je crus lui entendre murmurer ces mots :

« O saints du paradis ! mon pressentiment ! »

Bientôt après elle fit appeler auprès d'elle le prieur Léonard.

Déjà les cloches retentissaient de nouveau, mêlées aux sons majestueux de l'orgue et aux chœurs des religieuses, quand le prieur entra dans la salle. Les frères des différens ordres se rendirent pour lors processionnellement à l'église, qui était aussi pleine de fidèles qu'autrefois à la fête de saint Bernard. A l'un des côtés de l'autel, orné de roses, on avait placé, pour le haut clergé, des siéges élevés en face d'une tribune où la chapelle de l'évêque devait exécuter la musique de la messe que le prélat célébrait lui-même. Le père Léonard m'appela près de lui, et je remarquai qu'il me surveillait avec une sorte d'inquiétude. Le moindre de mes mouvemens excitait son attention et il m'exhortait à ne pas lever les yeux de dessus mon bréviaire.

Les religieuses étrangères se rassemblèrent dans un espace clos par une grille basse ; le moment décisif approchait. Les bernadines amenèrent Aurélie de l'intérieur du couvent par la porte grillée qui était derrière l'autel. Un murmure s'éleva parmi les assistans lorsqu'elle parut. L'orgue se tut, et l'hymne simple des religieuses fit retentir jusqu'au cœur des accords singulièrement puissans. Je n'avais pas encore levé les yeux. Saisi par une inquiétude terrible, j'éprouvai un mouvement légèrement convulsif, et mon bréviaire tomba par terre. Je me baissai pour le ramasser, mais un étourdissement m'aurait fait tomber de mon siége élevé si le prieur ne m'eût retenu.

» Qu'as-tu, Médard? me demanda-t-il à voix basse; tu es étrangement ému. Résiste à l'ennemi qui te pousse. »

Je rassemblai toutes mes forces, et levant les yeux, je vis Aurélie à genoux devant l'autel. Dieu du ciel! jamais sa beauté ne m'avait paru plus éclatante. Elle portait des habits de mariée; hélas! précisément comme au jour fatal où elle avait dû s'unir à moi. Des myrtes et des roses formaient sa coiffure; la piété, la solennité de la cérémonie avaient coloré ses joues d'un incarnat plus vif, et dans ses regards élevés brillait tout le feu du céleste amour. Qu'était-il, auprès de ce moment, celui où j'avais vu Aurélie pour la première fois, ou bien celui où je l'avais retrouvée à la cour? Les flammes de l'amour se réveillèrent dans mon sein avec plus de fureur que jamais; ô mon Dieu! ô saints du paradis! ne souffrez pas que je perde la raison!

délivrez-moi de ces tourmens de l'enfer! Je prononçai intérieurement cette prière, car je sentais que mon mauvais génie devenait de plus en plus maître de moi. Il me semblait qu'Aurélie partageait le crime que moi seul j'avais commis, et que le serment qu'elle allait prononcer n'était dans sa pensée que celui d'être à moi. Je voulois percer la foule, courir à l'autel, la serrer dans mes bras avec toute l'ardeur de mes aveugles désirs, et lui donner la mort; déjà je portais la main sous ma robe pour saisir mon stylet, quand le moment arriva où elle devait prononcer ses vœux. Elle parla, et à peine eus-je entendu le son de sa voix, qu'il me sembla qu'une lumière, douce comme celle de la lune, perçait les nuages sombres et orageux qui remplissaient mes sens. Je reconnus l'esprit malin et je résistai de toutes mes forces. Chaque mot d'Aurélie m'en donnait de nouvelles; le combat fut vif;

mais j'en sortis vainqueur. Toute pensée de crime ou de terrestre désir s'évanouit de mon âme ; je vis dans Aurélie la céleste épouse dont les prières devaient me sauver d'une perdition éternelle. Ses vœux formèrent ma consolation, mon espérance, et les joies du ciel se firent sentir en moi. Le père Léonard, que je remarquai alors de nouveau, parut avoir compris ce qui s'était passé dans mon sein : car il me dit d'une voix douce :

« Tu as résisté à l'ennemi, mon fils. J'ose espérer que cette épreuve aura été la dernière à laquelle la puissance céleste aura voulu te soumettre. »

Les vœux étaient prononcés. On se préparait à passer à Aurélie l'habit de religieuse pendant que les sœurs des deux couvens chantaient alternativement les strophes d'un hymne. Déjà l'on avait retiré les roses et les myrtes qui ornaient ses cheveux, et l'on tenait les ciseaux avec lesquels on devait couper ses boucles ondoyantes, quand tout à coup un tumulte s'éleva dans l'église. Les assistans poussés avec force se séparaient et tombaient par terre. Avec des gestes furieux et des regards terribles, un homme à demi nu, n'ayant pour tout vêtement qu'une robe de capucin en lambeaux, traversait la foule en la repoussant de part et d'autre avec les poings fermés et une force gigantesque. Je reconnus sur-le-champ mon double; mais au moment où, craignant quelque événément affreux, je voulus m'élancer de ma place et me jeter audevant de lui, je le vis sauter par-dessus la grille qui entourait l'autel. Les religieuses s'enfuyaient en criant et saisies de frayeur. L'abbesse tenait Aurélie serrée dans ses bras.

« Ah! ah! ah! s'écria l'insensé d'une

oix terrible, voulez-vous m'enlever la rincesse?..... Ah! ah! ah!..... La princesse est ma fiancée, ma fiancée! »

En parlant ainsi, il s'empara d'Aurélie, et lui plongea dans le sein le poignard qu'il tenait élevé, et le sang reaillit au loin.

« Vivat!.... vivat!.... Maintenant j'ai onquis la princesse, ma fiancée! »

Avec cette nouvelle exclamation, il auta derrière l'autel, et passa dans les loîtres par la porte grillée. Les religieuses jetaient des cris d'effroi.

« Au meurtre! s'écriait le peuple. Un ssassinat devant l'autel du Seigneur! »

« Que l'on ferme les issues du couvent, afin que le coupable ne puisse pas s'échapper, » dit le père Léonard à haute oix.

Le peuple sortit de l'église, et les moines se mirent à la poursuite de l'assassin dans les corridors du couvent. Tout cela avait été l'affaire d'un moment. Quant à moi, je m'agenouillai près d'Aurélie dont les religieuses avaient pansé les blessures aussi bien qu'elles l'avaient pu avec des mouchoirs blancs; elles assistaient pour lors l'abbesse évanouie. Une voix forte prononça à côté de moi ces mots :

« *Sancta Rosalia, ora pro nobis!* »

Je levai les yeux. C'était le vieux peintre. Ses regards étaient graves et doux comme lorsqu'il m'était apparu dans ma prison. Je n'éprouvai aucune douleur terrestre par la mort d'Aurélie, aucun effroi à l'aspect du peintre. Un pressentiment disait à mon âme que les liens mystérieux que la puissance des ténèbres avait formés commençaient à se dénouer.

« Au miracle ! cria le peuple. Voyez-vous ce vieillard avec son manteau violet ? — Il est sorti du tableau de l'autel. — Je l'ai vu. — Et moi aussi. — Et moi. »

Aussitôt tout le monde se jeta à genoux, et la confusion se changea en un murmure de prières mêlées de sanglots. L'abbesse, sortie de son évanouissement, dit du ton de la plus profonde et de la plus déchirante douleur :

« Aurélie !... mon enfant !... ma vertueuse fille !.... Dieu éternel !.... c'était votre décret ! »

On venait d'apporter un brancard garni de matelas et d'oreillers. Quand on y plaça Aurélie, elle soupira profondément et ouvrit les yeux. Le peintre se tenait derrière elle, et avait placé ses mains sur sa tête. Il ressemblait à un saint, et tous les assistans, ainsi que l'abbesse elle-même, furent saisis d'un respect mêlé d'effroi. Je m'étais mis à genoux non loin du brancard. Le regard d'Aurélie tomba sur moi, et je me sentis pénétré d'affliction de son douloureux martyre. Hors d'état de prononcer une parole, je ne laissai échapper qu'un cri sourd; mais Aurélie me dit d'une voix douce :

« Pourquoi pleures-tu sur celle que la puissance éternelle du ciel a jugée digne de quitter la terre, dans le moment où elle vient de reconnaître le néant de tout ce qu'elle renferme, et où un immense désir de la félicité éternelle remplit seul son sein? »

Je me levai, et me rapprochant du brancard je dis :

« Aurélie! vierge sainte et pure; baisse un seul instant tes regards du haut de tes célestes régions, ou bien je péris dans les doutes les plus effroyables. Aurélie! méprises-tu le coupable qui est venu troubler ta vie, comme l'aurait pu faire le démon lui-même? Il a fait de sévères pénitences, mais il n'ignore point qu'elles ne diminuent en rien la masse de ses péchés. Aurélie! es-tu réconciliée avec lui au moment de la mort ? »

Elle sourit comme si un ange était venu la toucher de ses ailes, et ferma les yeux.

O Sauveur du monde! dis-je en moi-même, sainte mère de Dieu! je vais donc rester sur la terre en proie au désespoir! Sauvez-moi, sauvez-moi de ces peines infernales. Cependant Aurélie rouvrit les yeux et dit :

« Médard!... tu as cédé au malin pouvoir; mais moi, suis-je donc demeurée exempte de tout péché, alors que je me suis flattée de trouver le bonheur dans un coupable amour? Un décret particulier de l'Eternel nous avait destinés à racheter de grands crimes commis par nos aïeux, et c'est pour cela que nous avons été unis par l'amour qui habite au-dessus des astres et n'a rien de commun avec les faiblesses de la terre. Mais notre ennemi rusé parvint à nous cacher le sens profond de notre amour, et à nous séduire au point de nous faire interpréter humainement ce qui n'avait de rapport qu'au ciel. Hélas! n'est-ce pas moi qui t'ai avoué mon amour au tribunal de la pénitence, et au lieu d'allumer en ton sein une flamme céleste, ne t'ai inspiré que des désirs infernaux, que tu as voulu assouvir par des crimes? Prends courage, Médard; le malheureux en démence que l'ennemi a poussé à croire qu'il était toi, et qu'il devait accomplir ce que tu avais commencé, a été l'instrument par lequel le ciel a accompli ses décrets.... Prends courage, Médard.... bientôt.... bientôt.... »

Aurélie, qui avait prononcé la fin de son discours les yeux fermés et à l'aide de grands efforts, perdit en ce moment connaissance; mais la mort ne put pas encore s'emparer d'elle.

« S'est-elle confessée à vous, mon

père? » me demandèrent les religieuses d'un air curieux.

« Tout au contraire, répondis-je; c'est elle qui a rempli mon sein d'une consolation céleste. »

« Tu es heureux, Médard; le terme de tes épreuves approche, et alors je pourais dire que je suis heureux. »

C'était le peintre qui venait de prononcer ces paroles; je m'approchai de lui et je lui dis :

« En ce cas, ne m'abandonne point, homme étonnant. »

Je ne sais comment il se fit qu'en voulant continuer mes sens se troublèrent, et que je tombai dans un état qui tenait le milieu entre la veille et le sommeil; j'en fus tiré par de grands cris qui retentirent autour de moi. Je levai les yeux : le peintre avait disparu.

CHAPITRE XI.

Des paysans, des ouvriers, des soldats avaient pénétré dans l'église, et exigeaient à toute force qu'on leur permît de visiter le couvent pour trouver l'assassin d'Aurélie, qui ne pouvait en être sorti. L'abbesse craignant avec raison du désordre, leur en refusa la permission, mais tout le respect qu'on lui portait ne suffit pas pour calmer les esprits. On lui reprocha de céler le coupable parce que c'était un moine; et l'agitation croissant toujours, il y eut lieu de craindre que le peuple ne se portât à des excès. Cependant le père Léonard monta en chaire, et après avoir prononcé quelques paroles assez fortes sur la profanation des lieux saints, il ajouta que le coupable n'était point un religieux, mais un homme en démence qui après, avoir été soigné dans le couvent, avait été porté dans l'habit de l'ordre à la salle des morts, parce que l'on avait cru qu'il venait d'expirer; mais que s'étant réveillé de cet état de mort apparente, il s'était évadé à l'insu de ses gardiens. Si en effet il se trouvait encore dans le couvent, les mesures que l'on avait prises rendraient sa fuite impossible.

Ces paroles tranquillisèrent le peuple, qui après cela se contenta de demander qu'Aurélie, au lieu d'être transportée par les cloîtres, passât en procession par la cour. On y consentit. Les religieuses soulevèrent le brancard que l'on avait entouré de roses. Aurélie elle-même était de nouveau couronnée de roses et de myrte. Immédiatement derrière le brancard, au-dessus duquel quatre religieuses soutenaient un dais, marchait l'abbesse appuyée sur deux religieuses. Elles étaient suivies des autres sœurs et des religieuses étrangères ; puis venaient tous les moines et enfin le peuple.

Pendant que la procession traversait l'église dans cet ordre, les sons majestueux de l'orgue se firent entendre. Alors Aurélie se soulevant, joignit les mains et les étendit vers le ciel. Aussitôt tout le peuple s'agenouilla en disant :

« *Sancta Rosalia , ora pro nobis !* »

Ce fut ainsi que se vérifièrent les paroles que dans mon infernal aveuglement j'avais prononcées avec hypocrisie la première fois que j'avais vu Aurélie.

Quand les religieuses eurent déposé dans une salle, au rez-de-chaussée du couvent, le brancard entouré de toutes les sœurs et des frères rangés en cercle, Aurélie se laissa tomber avec un profond soupir dans les bras de l'abbesse, qui s'était mise à genoux auprès d'elle.... Elle était morte !.... Le peuple ne quittait point les portes du couvent, et quand les cloches annoncèrent que cette âme si pieuse était montée au ciel, des pleurs et des sanglots se firent entendre de tous les côtés. Plusieurs personnes firent le vœu de rester dans le village, de ne retourner chez elles qu'après les funérailles d'Aurélie, et, en attendant, de garder un jeûne rigoureux. Le bruit de ce crime et du martyre de l'épouse de Jésus-Christ se répandit promptement de tous côtés, et les funérailles de la victime ressemblèrent à une béatification : car, dès la veille, la pelouse en face du couvent était, comme à la Saint-Bernard, couverte de personnes qui attendaient avec impatience la nouvelle aurore. Seulement, en place du tumulte de la gaieté, on n'entendait que des murmures sourds et de pieux soupirs. On se racontait mutuellement l'histoire du terrible attentat commis au pied des autels, et si parfois une voix se faisait entendre au-dessus des autres, c'était pour se répandre en exécrations contre le meurtrier, qui avait disparu sans que l'on pût découvrir ce qu'il était devenu.

Ces quatre jours que je passai principalement livré à des méditations solitaires dans la chapelle du jardin, avancèrent plus mon salut que ne l'avaient fait les austérités de ma pénitence à Rome. Les dernières paroles d'Aurélie m'avaient dévoilé le mystère de mes péchés, et je reconnus que, quoique armé de toute la force et de la vertu de la piété, j'avais lâchement cédé au démon, dont le seul but avait été de perpétuer une race coupable. Le germe du mal était encore faible en moi quand je vis la sœur du maître de chapelle et quand le premier mouvement d'orgueil s'éleva dans mon sein; mais ce fut alors que le démon fit tomber dans mes mains cet élixir qui, semblable à un poison terrible, avait enflammé tout mon sang. Je ne fis aucune attention aux graves avertissemens du peintre inconnu, du prieur, de l'abbesse. L'apparition d'Aurélie dans le confessionnal acheva de me rendre criminel. Le péché s'éleva dans mon âme comme une maladie occasionée par le poison. Comment l'homme livré au démon aurait-il pu reconnaître, dans le lien par lequel le ciel l'avait uni à Aurélie, le symbole de la charité éternelle? Le démon m'avait en outre enchaîné à un malheureux dans l'existence duquel je devais m'introduire, de même qu'il devait agir spirituellement sur moi. Je ne pouvais attribuer qu'à moi sa mort apparente, qui peut-être, après tout, n'avait été qu'une illusion diabolique. Cette action me rendit familier avec la pensée du meurtre qui suivit cette abominable imposture. Depuis ce moment je passai de crime en crime et de souffrance en souffrance. Jusqu'à l'instant où Aurélie, en vertu du décret éternel, eut prononcé ses vœux, mon âme n'avait pas été pure du péché. Jusqu'à cet instant l'ennemi avait eu du pouvoir sur moi; mais le calme miraculeux qui remplit tout mon être, aussitôt qu'elle eut fini de parler, me convainquit que la mort d'Aurélie était la réconciliation promise. Pendant le service funèbre, quand le chœur chanta les paroles : *Confutatis maledictis, Flammis acribus addictis*, je me sentis trembler; mais à celles : *Voca me cum benedictis*, je crus voir Aurélie, entourée d'un éclat céleste, jeter d'abord les yeux sur moi et les élever ensuite vers le trône de l'Eternel pour demander le salut de mon âme. *Oro supplex et acclinis, Cor contritum quasi cinis!* A ces mots je me laissai tomber dans la poussière ; mais combien mes sentimens intérieurs, mes humbles supplications ne semblèrent-ils pas aux terribles austérités du couvent des capucins! Alors seulement mon esprit se sentit en état de distinguer le vrai du faux, et dès ce moment toute épreuve nouvelle de l'ennemi devait être sans danger pour moi. Ce qui, dans les premiers instans, m'avait si vivement ému n'était pas la mort d'Aurélie, mais les circonstances affreuses qui l'avaient accompagnée, et je ne tardai pas à reconnaître que la faveur de la puissance suprême lui avait accordé une grâce inappréciable, le martyre d'une épouse de Jésus-Christ, éprouvée et réconciliée. Ainsi qu'elle me l'avait annoncé, elle n'était pas morte pour moi; son trépas n'était que la consécration de cet amour qui habite au-dessus des astres et n'a rien de commun avec les faiblesses de la terre. Ces pensées m'élevèrent au-dessus de moi-même et rendirent les quatre jours que je passai dans le couvent des bernardines les plus heureux de ma vie.

Les funérailles terminées, le père Léonard nous annonça que nous allions retourner au couvent. Déjà les frères se mettaient en route, quand l'abbesse me fit appeler. Je la trouvai seule dans sa chambre; elle était vivement émue et des larmes brillaient dans ses yeux.

« Je sais tout maintenant, mon fils Médard, me dit-elle. Je puis te donner encore ce nom : car tu as soutenu les épreuves auxquelles, pauvre infortuné, tu as été soumis. Hélas ! Médard, il n'y a qu'elle, elle seule qui maintenant intercède pour nous près du trône de Dieu, qui ait été exempte de péché. N'étais-je pas au bord de l'abîme quand, remplie des idées d'un bonheur terrestre, je voulais me vendre au meurtrier?... Et cependant!... mon fils Médard, j'ai versé de coupables larmes dans la solitude de ma cellule en songeant à ton père! .. Va, mon fils Médard, toutes mes craintes d'avoir à ajouter à mes péchés celui d'avoir nourri en toi le plus grand pécheur de nous tous s'évanouissent de mon âme. »

Le père Léonard, qui sans doute avait appris à l'abbesse tout ce qu'elle ignorait encore de mes aventures, me fit voir par sa conduite que lui aussi m'avait pardonné. L'ancien ordre du couvent avait été conservé, et je repris mon rang parmi les frères. Un jour le prieur me dit :

« Je désirerais bien, frère Médard, t'imposer encore une pénitence. »

Je demandai humblement en quoi elle consistait.

— « C'est d'écrire avec exactitude l'histoire de ta vie. Il ne faut pas que tu supprimes les moindres détails de cette vie si variée. Ton imagination te ramènera dans le monde ; tu sentiras encore une fois tout ce que tu as éprouvé de terrible, de burlesque, d'effrayant et de gai. Il est possible que pour un moment Aurélie se présente à toi sous d'autres traits que sous ceux d'une religieuse et d'une martyre ; mais si le génie du mal t'a entièrement quitté, cette impression ne laissera point de traces après elle. »

Je fis ce que le prieur m'avait ordonné. Hélas! qu'il m'avait bien prédit tout ce que j'éprouverais! la joie, la douleur, l'effroi, la gaieté! O toi qui un jour liras ces feuilles, rappelle-toi que dans l'amour il existe un bonheur bien au-dessus de celui que la terre peut donner : celui-ci ne prépare aux hommes imprudens que leur perte; celui-là, rayon céleste, enflamme dans leur sein tout ce que l'empire de l'amour peut répandre sur eux de plus bienfaisant. C'est cette pensée qui m'a soutenu lorsqu'en me rappelant les momens les plus délicieux que la terre m'ait offerts, des larmes amères remplissaient mes yeux, et que mes blessures long-temps cicatrisées, se rouvraient pour saigner de nouveau.

Je sais que peut-être au moment de la mort le démon recouvrera le pouvoir d'obséder le moine pécheur, mais j'attends avec fermeté, et même avec un ardent désir, le moment qui me retirera de la terre, car ce moment sera celui de l'accomplissement de tout ce qu'Aurélie.... que dis-je? sainte Rosalie elle-même m'a promis en mourant. Priez, priez pour moi, vierge bienheureuse, dans cette heure ténébreuse, afin que la puissance de l'enfer, à laquelle j'ai si souvent cédé, ne triomphe pas de moi, et ne m'entraîne pas dans l'abîme de la réprobation éternelle!

*Note ajoutée au manuscrit par le père Spiridion, bibliothécaire du couvent des Capucins à B***.*

Dans la nuit du 3 au 4 septembre de l'an de grâce 17... des événemens merveilleux ont eu lieu dans notre couvent. Il était environ minuit lorsque dans la cellule du frère Médard, située à côté de la mienne, d'étranges ris et ricanemens se firent entendre, entremêlés de gémissemens sourds. Je crus remarquer les paroles suivantes prononcées par une voix extrêmement désagréable : « Viens avec moi, frère Médard; allons chercher notre fiancée. » Je me levai et je voulus entrer chez le frère Médard, mais je fus tout à coup saisi d'un si grand effroi que tous mes membres tremblèrent comme dans un accès de fièvre. Au lieu donc d'entrer dans la cellule du frère, j'allai trouver le prieur Léonard, que je réveillai, non sans peine, et à qui je racontai ce que j'avais entendu. Le prieur montra une grande frayeur; il se leva précipitamment, me dit de chercher des cierges, après quoi nous nous rendrions ensemble chez le frère Médard. Je fis ce qu'il m'avait ordonné; j'allumai les cierges à la lampe qui brûle devant l'image de la mère de Dieu dans le corridor, et nous montâmes ensemble l'escalier. Quoique nous prêtassions l'oreille avec beaucoup d'attention, la voix désagréable que j'avais remarquée ne se fit plus entendre Au lieu de cela, c'était un agréable carillon de petites cloches pendant qu'un doux parfum de roses se répandait autour de nous. Nous avançâmes plus près; tout à coup la porte de la cellule s'ouvrit, et un homme singulier, d'une taille élevée, portant une barbe blanche et touffue et un manteau violet, sortit et vint audevant de nous. Je fus très-effrayé, car je savais que cet homme ne pouvait être qu'un fantôme menaçant, attendu que les portes du couvent étaient fermées depuis long-temps et qu'aucun étranger n'avait pu y pénétrer. Le père Léonard le regarda pourtant avec fermeté, mais sans lui adresser la parole.

« L'heure de l'accomplissement ne tardera pas à sonner, » dit le fantôme d'une voix grave et solennelle, après quoi il disparut dans les obscurs corridors, ce qui augmenta encore ma frayeur et fut cause que je faillis laisser tomber le cierge de ma main tremblante. Mais le prieur qui, vu sa haute piété et sa foi inébranlable, ne craignait pas les revenans, me saisit par le bras et me dit : « Maintenant nous entrerons dans la cellule du frère Médard. » Nous fîmes ce qu'il avait dit. Nous trouvâmes ce frère, dont la santé s'était fort affaiblie depuis quelque temps, sur le point de mourir. L'agonie lui liait la langue. Il essaya de prononcer encore quelques paroles entrecoupées par le râle. Le père Léonard resta auprès de lui pendant que j'allais sonner la cloche et appeler les frères à qui je criai : « Levez-vous, levez-vous, le frère Médard est à l'agonie. » Ils se levèrent en effet; pas un n'y manqua; et nous nous rendîmes tous avec des cierges allumés chez le moribond. Nous étions tous très-affligés. Quant à moi, j'avais surmonté ma frayeur. Nous portâmes le frère Médard sur un brancard à l'église et nous le posâmes au pied du maître-autel. Là, à notre grande surprise, il reprit connaissance et commença à parler, de sorte que le père Léonard, aussitôt qu'il eut reçu sa confession, lui administra les derniers sacremens. Après cela nous nous rendîmes au chœur, pendant que le père Léonard demeurait auprès du frère Médard et continuait à s'entretenir avec lui ; nous récitâmes selon l'usage les prières des agonisans. Le lendemain, 4 septembre de l'an de grâce 17.., comme l'horloge du couvent sonnait midi, le frère Médard rendit le dernier soupir dans les bras du prieur. Nous remarquâmes que sa mort arriva précisément le même jour et à la même heure où plusieurs années auparavant la sœur Rosalie avait été cruellement assassinée, à l'instant où elle venait de prononcer ses vœux. Au service funèbre, les circonstances suivantes se firent encore remarquer. Pendant que l'on chantait le *Requiem*, il se répandit dans l'église une forte odeur de roses, et nous observâmes qu'un beau bouquet de roses, fort rares dans cette saison, était suspendu au superbe tableau représentant sainte Rosalie, que notre couvent a acheté il y a fort long-temps pour une somme considérable de celui de notre ordre, situé dans les environs de

Rome; ce tableau passe pour être l'ouvrage d'un ancien peintre italien dont on ignore le nom. Le frère portier nous dit que le matin au point du jour, une espèce de mendiant, très-mal vêtu, et d'une apparence fort misérable, était entré dans l'église et avait attaché ce bouquet au tableau sans qu'aucun de nous l'aperçût. Ce même mendiant assista au convoi et se mêla parmi les frères. Nous voulûmes le renvoyer; mais le vénérable prieur l'ayant considéré attentivement, nous ordonna de souffrir qu'il restât près de nous. Il le prit dans le couvent en qualité de frère lai; nous l'appelions frère Pierre; son nom était dans le monde Pierre Schoenfeld. Sa conduite était tranquille et fort douce; il parlait peu et riait seulement parfois d'une manière très-drôle, ce qui nous divertissait beaucoup, car nous n'y trouvions pas de péché. Le père Léonard s'exprimait de temps à autre à son sujet d'une manière mystérieuse à laquelle nous n'entendions rien, mais d'où nous ne laissions pas de conclure qu'il connaissait depuis long-temps le frère Pierre.

J'ai ajouté, non sans peine, *ad majorem Dei gloriam*, ce qui précède au manuscrit contenant, à ce qu'on m'a assuré, la vie du frère Médard, manuscrit que je n'ai pas cru devoir lire. Mon intention a été de faire connaître avec exactitude les circonstances de sa mort. Paix et repos au frère Médard, qui s'est endormi dans le Seigneur! Puisse-t-il un jour ressusciter avec joie et être admis par le Seigneur dans le chœur des saints: car il est mort dans de grands sentimens de piété!

FIN DU TOME QUATRIÈME ET DERNIER.

www.ingramcontent.com/pod-product-compliance
Ingram Content Group UK Ltd.
Pitfield, Milton Keynes, MK11 3LW, UK
UKHW031838260826
14628UKWH00001B/466

9 782012 677388